IBA_LOGbuch N°2

Dynamik der Wissensstadt

_Projekte, Prozesse

IBA LOGbuch Nº 2

Literarisches Heidelberg

Hart am Wind. Die IBA als »Marke« — 6
Anne Katrin Bohle

Etwas Ideales. Die Messlatte der IBA — 7
Winfried Kretschmann

Neue Dynamik. Modelle für die Wissensgesellschaft — 8
Eckart Würzner

Sichtbare Impulse. Stadt und Universität im Umbruch — 9
Bernhard Eitel

Auf der Zielgeraden. Innovationen und Prozesskultur — 10
Michael Braum

Die IBA baut! Chancen der IBA nutzen — 12
Jürgen Odszuck

15 — Zeitreise. Das Bild Heidelbergs. Eine Beschädigung
Michael Buselmeier

Die Zwischenpräsentation

Dynamik der Veränderung. Die Halbzeit-Ausstellung der IBA — 18
Reinhard Hübsch

24 — Keine Heimatdichtung. Ovid und Rosenkohl
Ralph Dutli

Das Wissen um (Frei-)Räume. Die Veranstaltungen zur IBA-Halbzeit — 26
Olaf Bartels

Das IBA-Terrain

Wo ist welches Projekt? Die IBA Karte — 32

34 — Poetage. Spazierung am Anfang des neuen Jahrhunderts
Frank Barsch

IBA Projekte

Wissenschaften | Local Heroes, Global Players 38
Walter Siebel

    48 Reminiszenz. Rohrbach ohne Schuster
          Anne Richter

Lernräume | Wissen baut auf Vielfalt 52
Barbara Pampe

    66 Selbstgespräch. Lob der Brache
          Marcus Imbsweiler

Stoffkreisläufe | Zeichen und Teil des Ganzen 72
Christian Holl

    78 Bestandsaufnahme. Semper apertus
          Marion Tauschwitz

Vernetzungen | Analog und digital 82
Thies Schröder

    90 Dialog. Brückenpläne. Eine Anweisung
          Claudia Schröer

PHVision | Neue Insel im Archipel? 94
Angelus Eisinger

    108 Dramolett. HD 19 – If you no get money hide your face
           Jean-Michel Räber

Wahlverwandtschaften

Das internationale Netz der Knowledge Pearls 112
Carl Zillich

    118 Tatort Heidelberg. Eine kriminelle Inspiration
           Claudia Schmid

Revision, Ausblicke

Was leisten Internationale Bauaustellungen im 21. Jahrhundert? 120
Walter Siebel

    128 Ein Interview. Gut gemacht, fast gemacht
           Friedhelm Schneidewind

IBA Halbzeit. Wie geht es weiter? 130
Michael Braum, Carl Zillich

    132 Zeitlupe. Mein zweites Heidelberg
           Jagoda Marinić

Anhang

Das Glossar 138
Wolfgang Bachmann, Ursula Baus

Autoren 143
Bildnachweis, Impressum 144

Die IBA Heidelberg zeigte ihre »Zwischenpräsentation« vom 27. April bis zum 8. Juli 2018 im »Keyes-Building«, dem ehemaligen europäischen Hauptquartier der US-Armee, das seitdem zum »Mark Twain Center für transatlantische Beziehungen« umgebaut wurde.

Anne Katrin Bohle, Staatssekretärin im Bundesministerium des Innern, für Bau und Heimat

Hart am Wind
Die IBA als »Marke«

Leuchttürme ♦ deutscher Stadt- und Regionalentwicklung, wie die Weißenhofsiedlung in Stuttgart, das Hansaviertel in Berlin oder die Zeche Zollverein in Essen, sind durch Internationale Bauausstellungen möglich geworden. In ihrer über hundertjährigen Geschichte haben Internationale Bauausstellungen wegweisende gestalterische, aber vor allem neue, mutige Antworten auf aktuelle Fragen der Gesellschaft an prägnanten Orten gegeben.

Allem voran sind es die gebauten Projekte, die das Format IBA weltweit bekannt und attraktiv gemacht haben. Der Wunsch nach nationaler und internationaler öffentlicher Aufmerksamkeit durch die Marke IBA ist groß. Das Interesse an Stadt- und Regionalentwicklung unter den besonderen Experimentierbedingungen einer IBA ist in den vergangenen Jahren über Deutschland hinaus weiter gestiegen.

Dabei sind die Rahmenbedingungen nicht immer einfach. Es ist schwerer geworden, Alleinstellungsmerkmale herauszuarbeiten und zu behaupten. Die Themenstellungen als Spiegelbild unserer Gesellschaft sind komplexer, die räumlichen Ausdehnungen weiter geworden.

Umso mehr freut es mich, was in Heidelberg angesichts der Zwischenpräsentation gelungen ist: innovative Projekte und Partnerschaften zu präsentieren, die begeistern. Das ermutigt uns als Bund gemeinsam mit dem IBA-Expertenrat dazu, die Qualitätsoffensive über die Qualitätskriterien der Marke IBA und die Verstärkung der Bundesförderung von IBA-Projekten weiterzuführen.

Was die Internationale Bauausstellung Heidelberg mit ihrem Thema Wissen | schafft | Stadt gemeinsam mit den politischen Entscheidungsträgern der Stadt Heidelberg, der Universität, den IBA-Projektträgern und vor allem den Bürgerinnen und Bürgern der Stadt Heidelberg auf den Weg gebracht hat, dokumentiert dieses LOGbuch. Das LOGbuch ist Prüfstein und gewissermaßen Festschrift zugleich. Ist es gelungen, *Next Practice* ♦ -Projekte, die Leitthemen widerspiegeln, die regional, national und international Aufmerksamkeit wecken und sich nachhaltig auf die Gestaltung der Region auswirken, auf den Weg zu bringen?

Anhand des LOGbuchs lässt sich der Kurs für die IBA Heidelberg bis zur Schlusspräsentation nachverfolgen. Die Beiträge zeichnen ein umfassendes Bild von Entwicklung, Umsetzung und Relevanz. Die *Stakeholder* ♦ sollte es dazu überzeugen, die IBA Heidelberg dabei zu unterstützen, für Exzellenz und internationale Anerkennung 'hart am Wind' zu segeln. Denn nur wer weiß, wo er hinsegeln will, setzt die Segel richtig. ◂

Winfried Kretschmann, Ministerpräsident des Landes Baden-Württemberg

Etwas Ideales
Die Messlatte für die IBA

»Ich sah Heidelberg an einem völlig klaren Morgen, der durch eine angenehme Luft zugleich kühl und erquicklich war. Die Stadt in ihrer Lage und mit ihrer ganzen Umgebung hat, man darf sagen, etwas Ideales.« Dieses Zitat aus den Tagebüchern von Johann Wolfgang von Goethe aus dem Jahr 1797 zeigt deutlich, wie sehr der Schriftsteller dem Charme von Heidelberg erlegen war.

Auch heute noch verzaubert die Universitätsstadt zwischen den Ausläufern des Odenwalds und dem Neckar die Menschen weit über die Landesgrenzen hinaus.

»Etwas Ideales« – ein großes Lob und eine hohe Messlatte, die es zu halten gilt. Dafür bedarf es einer umsichtigen Stadtplanung, in der weit mehr als nur schöne oder nur funktionale Architektur berücksichtigt wird. Denn die besondere Atmosphäre und der Charme einer Stadt wie Heidelberg setzen sich aus vielen einzelnen Komponenten zusammen: reizvolle Topographie, eindrucksvolle Wege, berühmte Bauten und einzigartige Spuren internationaler Geschichte – zudem Industrie und Handel, soziale und kulturelle Angebote. Nicht zuletzt sind es die in Heidelberg lebenden Menschen, die zur Attraktivität ihrer Stadt beitragen. Und als Universitätsstadt überzeugt Heidelberg maßgeblich mit Forschung und Wissenschaft.

All diese Komponenten prägen die Lebensräume der Menschen, die sich hier tagtäglich bewegen und mit und in denen sie agieren. Für eine zukunftsfähige und nachhaltige Stadtentwicklung sind es komplexe und vielschichtige Vernetzungen, die die Internationale Bauausstellung (IBA) Heidelberg vor über fünf Jahren angegangen ist.

Ihr Leitthema Wissen | schafft | Stadt bestimmt nicht nur ihre Forschung, Planung und Projekte, sondern trifft einen zentralen Kern, der den Charme von Heidelberg ausmacht.

Zur Halbzeit der Projektphase präsentierte die IBA Heidelberg ihre bisherigen Ergebnisse zu Fragen in baukultureller, ökonomischer, ökologischer, sozialer und kultureller Hinsicht für die Wissensstadt von morgen. Das – zur Halbzeit noch vorläufige – Ergebnis spricht für sich und weist nach vorne.

Ich danke allen Beteiligten der IBA Heidelberg für ihre hervorragende Arbeit und wünsche dem Projektverlauf auch für die zweite Halbzeit viel Erfolg.

Eckart Würzner, Oberbürgermeister der Stadt Heidelberg

Neue Dynamik
Modelle für die Wissensgesellschaft

Wie also sieht die Wissensstadt von morgen aus? Gerade Heidelberg muss sich als international renommierte Wissenschaftsstadt, als *Knowledge Pearl* ♦, immer wieder diese Frage stellen. Die Internationale Bauausstellung Heidelberg wird hierzu Antworten geben.

Das hat die Zwischenpräsentation der IBA Heidelberg 2018 eindrucksvoll bewiesen. Sie hat deutlich gemacht, was eine Internationale Bauausstellung leisten kann: neue und kreative Antworten darauf geben, wie unsere Wohnhäuser und Arbeitsräume von morgen aussehen werden. Wie wir in Heidelberg in neuen Quartieren des 21. Jahrhunderts ein inspirierendes Nebeneinander von Leben und Arbeiten gestalten können.

Die IBA wird Perspektiven aufzeigen, wie wir aus einer mehr als sechzig Jahre alten Siedlung für Militärangehörige und deren Familien, dem Patrick-Henry-Village (PHV), ein weltweit zu beachtendes Modellprojekt der digitalen Stadtentwicklung ♦ machen – mit neuen Technologien, innovativen Mobilitätskonzepten und klimaneutraler Energieversorgung.

Die IBA Heidelberg erhält mit ihren Zukunftsvisionen und ihrer Dynamik bundesweit und international viel Aufmerksamkeit. Sie hat in Heidelberg eine große Aufbruchsstimmung entfacht. Aus ihr sind siebzehn Projekte und Kandidaten hervorgegangen, die die Stadt prägen werden und ein wichtiges Ziel verfolgen: unsere Stadt fit zu machen für die Wissensgesellschaft des 21. Jahrhunderts. Davon werden alle Bürger und Bürgerinnen profitieren.

Semper apertus – stets offen: So lautet der Wahlspruch unserer Universität, der Ruperto Carola. Darum geht es mehr denn je für Heidelberg, gerade auch im Hinblick auf die IBA. Hier in Heidelberg begann einst die moderne Wissensvermittlung mit der Gründung der ersten Universität in Deutschland.

Mit der Internationalen Bauausstellung können wir mehr als sechshundert Jahre später neue Akzente in der Wissensgesellschaft setzen – in Heidelberg und darüber hinaus. Ich bin gespannt, welche Perspektiven uns die IBA Heidelberg bis zu ihrem Abschlussjahr 2022 noch aufzeigen wird. ◂

Bernhard Eitel, Rektor der Universität Heidelberg

Sichtbare Impulse
Stadt und Universität im Umbruch

Heidelberg – dieser Name steht für forschungsbasiertes Wissen und kreatives Potenzial, zwei entscheidende Standortfaktoren für die Wissenschaftsstadt von morgen, an deren Blaupause die IBA Heidelberg arbeitet. Um eine *Knowledge City of the Future* in Heidelberg zu schaffen und attraktiver zu werden für die besten Wissenschaftler, Studierenden und Unternehmen aus aller Welt, bietet die besondere geographische Situation mit nahe gelegenen urbanen Zentren und bester verkehrlicher Anbindung einen dritten wichtigen Vorteil im Wettbewerb der herausragenden *Knowledge Pearls* weltweit. Mit einer der renommiertesten und ältesten Universitäten Deutschlands, starken außeruniversitären Forschungspartnern, einem erprobten Netzwerk mit den global erfolgreichen Wirtschaftsunternehmen der Region und der hohen internationalen Anziehungskraft der Stadt sind wichtige Voraussetzungen gegeben, Heidelberg als einen zentralen Ort in der Wissensgesellschaft der Zukunft zu etablieren.

Ob zukunftsfähige Perspektiven für die auch räumlich wachsenden Wissenschaftseinrichtungen in Heidelberg entwickelt werden können, hängt jedoch ganz wesentlich von einer weiteren Voraussetzung ab: der Akzeptanz dieses Vorhabens in der und seine Unterstützung durch die Bürgergesellschaft der Stadt.

Die IBA Heidelberg hat seit über fünf Jahren den Auftrag und das Ziel, diese Diskussion in der Stadtgesellschaft zu befördern und ihr da, wo sie festzufahren droht, neue Impulse zu verleihen. Es gilt, das Bewusstsein für wechselseitige Abhängigkeiten bei gleichzeitig ständiger Weiterentwicklung von Wissenschaft und Stadt zu stärken. Dabei sind wir dankbar für eine gemeinsame, ressortübergreifende Erörterung von Baukultur, städtebaulicher Qualität und Transfer.

So zeigt zum Beispiel die aktuelle Entwicklungsvision des PHV, wie zeitgemäß mit einem Transformationsprozess in der Wissensgesellschaft umgegangen werden kann. Auch Bergheim ist ein Stadtteil im Umbruch und im Wandel – der Campus entwickelt sich vom Altklinikum vor allem hin zu den Sozial- und Asienwissenschaften. Hier können die Stadt, das Land Baden-Württemberg und die Universität mit der IBA ein lebendiges Wissens- und Stadtquartier gemeinsam denken und Zukunft gestalten. Bergheim kann die Altstadt mit dem Neuenheimer Feld verknüpfen. Die Unterstützung der IBA nehmen wir hier gerne an.

Eine der anspruchsvollsten Aufgaben wird es sein, das etablierte Profil als Wissenschaftsstadt im verständnisvollen Miteinander von Stadt und Universität weiter zu entwickeln und sich vor diesem Hintergrund gemeinsam den gesellschaftlichen, kulturellen und städtebaulichen Herausforderungen zu stellen.

Michael Braum, Direktor der IBA Heidelberg
Auf der Zielgeraden
Innovationen und Prozesskultur

Das IBA-Motto Wissen | schafft | Stadt bietet auf den ersten Blick wenig Neues. Denn Wissen hat nicht erst seit der Gründung Jerichos, das heißt seit 12.000 Jahren, Stadt geschaffen. Was ist also das Innovative am Motto Wissen | schafft | Stadt ? Und: Warum muss alles immer innovativ sein?

So ist doch Vieles, was als Neues gepriesen wird, nur alter Wein in neuen Schläuchen, eine Mischung aus Kopie, Rekombination und Marketing. Unstatthaft wäre es nicht, dies im Rahmen einer IBA zu thematisieren. Nehmen wir als Beispiel die Digitalisierung. Sie verändert unsere Welt radikal. Die einen feiern sie mit einer erschreckenden Naivität, die anderen warnen vor der Diktatur der Digitalkonzerne. Unbestritten ist, dass sich unsere Städte auf dem Weg von der Industrie- über die Informations- bis hoffentlich hin zur Wissensgesellschaft den veränderten Anforderungen anpassen müssen.

Dazu muss man das Neue suchen, nicht auf Kosten dessen, was an Gutem und Richtigem die Tradition in unseren Städten ausmacht. Tradition, klug analysiert, bietet eine nützliche Grundlage für Veränderungen. Und so gesehen begreife ich das Motto Wissen | schafft | Stadt als Aufgabe für die IBA Heidelberg: Ich bin sicher, dass sich die Städte im 21. Jahrhundert dynamischer verändern werden, als sie es im Zuge der Industrialisierung getan haben, und diese Veränderungen gilt es zu steuern. Dafür brauchen wir Innovationen in Städtebau und Architektur. »Die Innovation ist der berechtigte Anlass für die Hoffnung, dass es besser wird. Der Beweis, dass eine Zukunft existiert und das es eine Perspektive gibt.« (Wolf Lotter)

Hier setzt die Exzellenzinitiative IBA an. Es ist ein ambitioniertes Ziel, Heidelberg in Sachen Städtebau und Architektur zu den *Front Runners* der Wissensgesellschaft zu machen.

Die Wissensstadt von morgen, die wir beim Großprojekt der IBA, dem Patrick-Henry-Village, als »PH Vision« entwerfen, bezieht ihre Besonderheit genau an der Schnittstelle zwischen Tradition und Innovation. Zwischen Bestand und Neubau. Gegenüber gewohnten Arbeitswelten gewinnt in der digital organisierten Wissensgesellschaft die individuelle Kreativität in der Breite an Bedeutung. Von der Wissensgesellschaft wird erwartet, dass sie Routinen hinter sich lässt.

Was heißt das für die Stadt in Zeiten globaler Verflechtungen und zunehmender Dynamik ihrer Transformation? Basis muss ein ganzheitliches Verständnis von »Stadt« sein. Es war beispielsweise nie gut für die Städte, wenn sie »unterkomplex« entwickelt wurden. Kennen wir doch die Konsequenzen der sektoral optimierten autogerechten Stadt der 1960er und 1970er Jahre und die Folgen eindimensional wirkender

Wärmedämmverbundsysteme im Zuge der Energieeffizienzdebatten. Entsprechend dürfen wir den Umbau unserer Städte weder den digital versessenen *Nerds*, noch den sektoral Optimierenden anderer Disziplinen, diesen in sozialen Belangen unbeholfen verschrobenen Einzelgängern überlassen.

Vor diesem Hintergrund stellt die IBA Heidelberg im LOGbuch Nº 2 Projekte zu folgenden Themen vor:

▶ Projekte der Wissenschaften. Dabei zeigen wir exemplarische Beiträge für die Wissensstadt von morgen, die das Potenzial haben, dass die wissensbasierten Ökonomien für Menschen und Umwelt verträglichere Impulse in der Stadtentwicklung setzen, als es die großen Industrien des vergangenen Jahrhunderts getan haben.

▶ Projekte der Bildung. Sie stehen dafür, dass Orte des Lernens wieder eine städtebauliche Kraft entwickeln. In der offenen Gesellschaft müssen Orte der Bildung notwendigerweise Orte der Begegnung sein, deren Potenziale für die Stadtentwicklung nutzbar gemacht werden.

▶ Projekte der Vernetzungen. Die Digitalisierung verändert unsere Lebenswelten und vernetzt Orte und Menschen. Neben Projekten zeitgemäßer öffentlicher Räume und einer zeitgemäßen Mobilität gehören auch Projekte, die der zunehmenden Hybridisierung ▴ von Wohn- und Arbeitsort Rechnung tragen und unerwartete Gebäudetypologien möglich werden lassen.

▶ Projekte der Stoffkreisläufe. Wir entwickeln Projekte, die über Themen wie die ökologische Stadt oder die nachhaltige Stadt hinausgehen. Dabei geht es um die Frage, wie Bewohner Konsumenten und Produzenten zugleich sein können; oder wie Stadt selbstverständlicher mit ihrem Landschaftsraum ▴ und dessen produktiven Prozessen vernetzt werden kann – und wie sich dies auf das Stadtbild auswirkt.

▶ Verknüpft werden diese Themen in der Koproduktion bei der großen Transformation des PHV. Hier kommt es auf die digitalen und analogen Methoden und strategischen Partnerschaften bei der Stadtentwicklung an, mit denen der Raubbau an unseren Lebensgrundlagen vermieden und der soziale Zusammenhalt der gesamten Gesellschaft gefördert werden kann.

Die IBA-Themen werden in diesem LOGbuch von Beiträgen Heidelberger Literaten erweitert, was Dank der Unterstützung durch das Kulturamt Heidelberg unter Leitung von Andrea Edel möglich wurde.

Wie im LOGbuch Nº 1 gibt es zudem im Anhang ein Glossar, in dem Begriffe, die in der vorliegenden Publikation eine gewisse Rolle spielen, kurz und gut verständlich erläutert werden. ◂

Dieser Pfeil kennzeichnet Begriffe, die im Glossar erklärt werden.

Dieser Pfeil kennzeichnet Begriffe, die im LOGbuch Nº 1 erklärt wurden.

Alle Glossar-Begriffe sind unter folgendem QR-Code zu finden:

QR-Code zur IBA-Website

QR-Code english Abstracts

Jürgen Odszuck, Erster Bürgermeister von Heidelberg

Die IBA baut!
Chancen der IBA nutzen

Heidelberg ist die Anstrengung, möglicherweise das Wagnis und sicher das Abenteuer einer Internationalen Bauausstellung eingegangen. Dabei steht weniger im Vordergrund, mit spektakulären Bauten ein hohes Maß an breiter Aufmerksamkeit zu erregen, sondern vielmehr die außergewöhnliche Herausforderung, dass Bauaufgaben in ungleich sorgfältigerer Weise angegangen werden müssen, als das gegenwärtig – mit wenigen Ausnahmen bei besonderen Projekten – üblich ist.

Durch eine zunehmende Standardisierung in der Bauwirtschaft, die fortschreitende Regulierungsdichte und durch den weiteren Zwang zur Wirtschaftlichkeit im Bauen ähneln sich landauf, landab die Lösungen für Bauaufgaben immer stärker. Dabei wird offensichtlich völlig außer Acht gelassen, dass sich Bauaufgaben in sehr unterschiedlichen örtlichen oder gesellschaftlichen Kontexten stellen.

Die unbestreitbare Erkenntnis, dass in Zeiten des voranschreitenden Klimawandels den energetischen Anforderungen an unsere Bauten gar nicht genug Rechnung getragen werden kann, leistet diesem Phänomen weiteren Vorschub.

Wie wichtig die energetischen Aspekte beim Bauen zu bewerten sind, ist unbestritten. Das führte in den letzten Jahren jedoch dazu, dass der stolze Begriff der Nachhaltigkeit auf dieses Thema reduziert wurde. Nicht nur, dass die wirtschaftlichen und insbesondere die gesellschaftlichen, sozialen Aspekte der Nachhaltigkeit verdrängt worden sind – der energetische Aspekt selbst wird allzu häufig auf dessen konsumtiven Bereich reduziert. Fragen der Gesamtbilanz des Lebenszyklus eines Gebäudes werden oft außer Acht gelassen.

Bei der IBA Heidelberg stehen jedoch die örtlichen Fragen im Vordergrund, die bei jeder Bauaufgabe individuell und gleichsam exemplarisch einer Lösung zugeführt werden müssen. Mit ihrem Motto Wissen | schafft | Stadt greift die IBA Heidelberg eine der wesentlichen Zukunftsfragen im Bauen auf: Wie schlagen sich in einer Stadt, in der Bildung, Wissenschaft, aber auch das Wissen im Sinne von Erfahrung einer Stadtgesellschaft bereits tief verankert sind, deren Anforderungen räumlich, baulich nieder?

Vor dem Hintergrund, dass wir im Zeitalter der Wissensgesellschaft leben, ist diese Frage von überwältigender Relevanz. Dazu hat die IBA in ihrer konzeptionellen Phase viel geforscht und experimentiert. Die Ergebnisse dieser außergewöhnlichen Herangehensweise wurden umfangreich dokumentiert und in der Zwischenpräsentation im Jahr 2018 präsentiert. Und seitdem beginnt für die IBA eine Phase, in der sie umsetzen muss, was erforscht und erkannt worden ist. Nicht, dass nicht auch schon zuvor Projekte der IBA gebaut wurden, und es ist auch nicht so, dass Forschung und Experiment nicht weitergeführt werden. Der Fokus der Arbeit der IBA liegt jedoch nun darauf, die konkreten Projekte zu realisieren.

Manch kritische Stimme hatte der IBA Heidelberg einen zu theoretischen oder akademischen Ansatz bescheinigt. Nun aber wird die IBA konkret, und es bereitet große Freude zu beobachten, wie all diese klugen Gedanken Form annehmen, wie sie zu Projekten reifen, die nicht nur allen funktionalen Anforderungen gerecht werden, sondern stets auch einen Mehrwert im Sinne der IBA-Themen beinhalten.

In diesem Kontext mussten und müssen die wissenschaftlichen Einrichtungen und die Stadt unbedingt kooperative Partner sein. In zahlreichen Formaten hat sich dabei eine fruchtbare Zusammenarbeit entwickelt, aus der wesentliche Erkenntnisse hervorgegangen sind. Bei dieser Arbeit ist die Stadt gegenüber der Universität und dem Land Baden-Württemberg erheblich in Vorleistung getreten. Mit der Finanzierung der IBA hat sich die Stadt Heidelberg der Verantwortung der Fragen von baulichen und städtebaulichen Implikationen der Wissenschaften in der Wissensgesellschaft gestellt.

Mit dem vom Land unterstützten LABOR WISSEN + STADT werden neue Wege der Kooperation zwischen Stadt und den wissenschaftlichen Einrichtungen beschritten. Dies verdient die uneingeschränkte Unterstützung durch die Universität. Insbesondere in Zeiten, in denen in der internationalen Konkurrenz, aber auch national um die Exzellenz der Universitäten gerungen wird, sind Spitzenforschungsstandorte ohne ihren Kontext nicht mehr vorstellbar, sie werden nicht mehr als *Knowledge Pearls* ◆ wahrgenommen. Somit ist es im eigenen Interesse der wissenschaftlichen Einrichtungen, Verantwortung im Rahmen der Stadtentwicklung zu übernehmen. Möge dies auch in Heidelberg zukünftig der Fall sein.

Besondere Freude bereitet dabei, dass all das Ungewohnte nicht nur möglich ist, sondern zugleich auch Ergebnisse höchster architektonisch-gestalterischer Natur zeitigt. Damit ist die IBA Heidelberg auf dem allerbesten Weg, ihre Kernaufgabe zu erfüllen, denn am Ende ist sie eben doch eine Bauausstellung, und sie wird – wie ich meine – mit Stolz ihre Werke im Ausstellungsjahr präsentieren können. Auf dem Weg dahin hat sie es verdient, mit aller Kraft weiterhin unterstützt zu werden. Ich bin sicher, es wird sich lohnen. ◄

Das »PHVision Project« beim Street Art Festival Metropolink 2018, Künstlerduo Herakut

Zeitreise | Michael Buselmeier

DAS BILD HEIDELBERGS. EINE..BESCHÄDIGUNG

Es ist dieser ganz besondere, einmalige Blick auf Heidelberg, der erhöht von Osten aus über die Schlossruine und die schon dämmernde Altstadt führt, am glänzenden Lauf des Neckars entlang, der sich, nachdem er die Stadt hinter sich gelassen hat, energisch nach Norden kehrt, während der Blick des Betrachters westwärts weiterzieht über die scheinbar unbebaute, ja unberührte Rheinebene hinweg bis zum Haardt-Gebirge, das in der Ferne mit der Ebene bläulich verschwimmt, darüber das rosa Spiel der Abendwolken – eine Ideallandschaft, ein Wunschort, der von immer währender Jugendschönheit zeugt. Wenn man so will, eine erfundene, erdachte, gemalte Gegend.

So etwa hat der achtzehnjährige Carl Rottmann im Jahr 1815 die Umgebung seiner Heimatstadt aquarelliert. Man meint das Meer noch zu hören, das hier vor Urzeiten einmal getost haben soll. Am rechten Bildrand unter Bäumen drei junge Müßiggänger. Wagen und Schiffe sind nicht zu erkennen; das nördliche Neckarufer ist noch nicht verbaut. An rohe Eingriffe in dieses In- und Urbild, an »Veränderung« und »Fortschritt« scheint niemand zu denken, obwohl die Industrialisierung doch längst eingeläutet wurde.

Es gibt kaum einen anderen, derart ästhetisch wie historisch geprägten Ort auf der Welt wie diese Stadt mit ihrer poetischen Topographie (sanft abfallende Gebirgszüge, Schloss, Fluss und Brücke), ein Zusammenspiel von Natur und Kunst auf höchstem Niveau. Wer sie einmal so erfahren und erforscht hat, real oder vermittelt über tief einwirkende Bilder wie etwa das von Rottmann, wird darauf bestehen, dass alles so bleiben soll, wie es überliefert wurde, und nichts sich ändern darf – gegen jede bürgerliche Vernunft.

Ich lebe seit achtzig Jahren in dieser Stadt, habe viel in ihr erlebt und gelernt, reichlich über sie publiziert und gewiss auch die ästhetische Sicht der Romantiker auf die baulichen und atmosphärischen Veränderungen, denen Heidelberg seit etwa 200 Jahren unterliegt, verinnerlicht. Kaum übersehbar, dass Heidelberg schrittweise hässlicher geworden ist und immer mehr von seiner Aura eingebüßt hat. Man kann auf diese Entwicklung gleichgültig – wie die meisten – reagieren oder resignativ, aber auch angriffslustig. Ich bezweifle nicht, dass viele der

Zeitreise | Michael Buselmeier

Verletzungen, die in massiver Form erst nach dem Zweiten Weltkrieg einsetzten, durchaus »vernünftig« intendiert waren, also dem Aufschwung der Wirtschaft und dem Wohlstand der Bevölkerung dienen sollten. Künstlerische Erwägungen spielten dabei eine untergeordnete Rolle. Politiker, Stadtplaner und Architekten haben sich robust über geschichtliche Strukturen und gewachsene Traditionen hinweggesetzt und in vielen Fällen das eigentlich zu Bewahrende unbedenklich zerstört.

Das im letzten Krieg weitgehend verschonte, leicht verträumte, fast biedermeierlich anmutende Heidelberg meiner Jugend erfuhr um 1955 einen ersten massiven Veränderungsschub, ausgelöst durch den Abriss des alten (Kopf-)Bahnhofs, eines vornehmen klassizistischen Sandsteinbaus aus dem Jahr 1840; der Architekt war Friedrich Eisenlohr. Mit der Verlegung des Bahnhofs nach Westen, in das so genannte Baggerloch, fielen real wie symbolisch sämtliche Schranken. Die nagelneuen Autos hatten nun freie Fahrt, auch der Warenverkehr wuchs sprunghaft an, und nichts konnte den rasanten ökonomischen Wandel mehr bremsen. Schienentrassen und Fußgängerbrücken entfielen, leere Plätze, Schuppen und Lagerhallen rund um den alten Güterbahnhof verschwanden. Jeder Quadratmeter wurde zubetoniert.

Es folgte ab 1959 die Umwandlung des Bismarckplatzes zur Verkehrsdrehscheibe. Die großzügigen Hotels, historistischen Villen und Parkanlagen mussten weichen, darunter die prächtige Villa Thode, die Villa Busch und das Hotel Reichspost, ebenso die beliebten Arkaden, das Hotel Darmstädter Hof, das Botanische Institut. An ihre Stelle traten Kauf- und Parkhäuser, eine vom Verkehr umtoste »neue City«. Endgültig verloren war die lange bewahrte Schönheit begrünter Promenaden, ein Kurstadt-Flair, mit Baden-Baden vergleichbar. Bald sah es im Stadtzentrum wie überall im Land aus.

Und Heidelberg beschädigte sich zügig weiter, wofür ich einige gravierende Eingriffe nenne. Zum Beispiel den Südflügel des alten Marstalls, den seit 1811 ein von Friedrich Weinbrenner entworfenes klassizistisches Gebäude einnahm, das zuletzt als Kollegienhaus der Universität diente. 1967 musste der beliebte Weinbrennerbau einem monströsen, flach gedeckten Institutskomplex aus Stahl und Glas weichen, der sich nicht in die kleinteilige Dachstruktur der Altstadt fügte. Alle Proteste, auch solche von Kunsthistorikern, halfen nichts.

Auch das Umfeld des Faulen Pelzes ist 1969/70 bis zur Unkenntlichkeit verstümmelt worden, vor allem durch den Bau des Parkhauses Kornmarkt, dem ganze Gassenzüge, etwa die rechte Häuserzeile des Burgwegs, weichen mussten. Parallel wurden der Obere Faule Pelz und die Bremeneckgasse »autogerecht« ausgebaut. Seither fehlen die Häuser Bremeneckgasse 2, 3 und 5 sowie Oberer Fauler Pelz 4 bis 16, also fast die ganze rechte Seite – was Bernd Müller in seinem »Architekturführer Heidelberg« von 1998 alles verschweigt.

Dem alten Bahnhof schräg gegenüber (Rohrbacher Straße 13) errichtete die Post 1884 ein im historischen Stil der Zeit reich dekoriertes Gebäude aus

Eine Beschädigung

rotem Sandstein, das 1977 gegen ein belangloses, ja schäbiges Geschäftshaus ausgetauscht wurde. Im selben Jahr wurde auch das größte und prächtigste Kino Heidelbergs, das 1927 in der Bergheimer Straße eröffnete »Capitol«, ein wahrer »Filmpalast«, einschließlich der umgebenden Wohnbebauung durch gesichtslose Hotelbauten ersetzt.

Die Liste negativer Beispiele ist lang. Ich erwähne nur noch die fast lückenlose Bebauung des nördlichen Neckarufers mit wuchernden Terrassenhäusern im Wechsel mit Betonklötzen, obwohl der gesamte Südhang des Heiligenbergs vorgeblich »denkmalgeschützt« war. Nicht vergessen sei das 1978 im Kontext der quartierweise vorrückenden Altstadtsanierung übereilt abgerissene Hotel »Prinz Carl« auf dem Kornmarkt, dem 1984 ein hausbackener Neubau folgte. Und als jüngstes Beispiel: der ab 2010 errichtete Neubau des Stadttheaters, der von dem intimen Biedermeiertheater des 19. Jahrhunderts nicht viel übrig ließ und, vom Philosophenweg aus betrachtet, das Stadtbild erheblich verletzt.

Und wo bitte bleibt das Positive, das zumindest ästhetisch Ansprechende, ja das rundum Gelungene? Da wäre vielleicht der ab 1950 erbaute neue Hauptbahnhof zu nennen, der mit seiner hochverglasten Empfangs- und Schalterhalle den städtebaulichen Endpunkt der Kurfürstenanlage im Westen markiert. Oder die Wohnanlage Herrenmühle, entstanden ab 1972 am östlichen Ausgang der Stadt, unterhalb des Schlosses. Geplant als soziales Projekt mit begrünten Innenhöfen und Passagen für Studenten und junge Familien, orientiert sich der Bau an der kleinteiligen Struktur der Altstadt mit ihren Hinterhöfen und steilen Dachformen. Oder auch der elegante, zweistöckige Neubau der Stadtbücherei mit seiner glänzenden Aluminiumfassade, 1963 bis 1966 errichtet nach Plänen von Johannes Grobe und Karl Heinz Simm auf dem Schienengelände des alten Bahnhofs. Ich möchte auch auf das neue Museumsgebäude hinweisen, das sich organisch in den Park des Palais Morass einfügt, erbaut ab 1987 von Dieter Quast, sowie auf die 1994 fertiggestellte Synagoge in der Häusserstraße; im Zentrum dieser symmetrischen Anlage ein zylindrischer Kuppelbau.

Ganz am Schluss sollte der gläserne Kubus der Print Media Academy aus dem Jahr 2000 stehen, der – entworfen von Hans Peter Stichs – einen kühnen städtebaulichen Akzent direkt am Bahnhof setzt, gleichsam dem Maß aller Dinge, dem Schloss, gegenüber. Im von Licht durchfluteten Innenraum erkennt man neben Aufzügen und Rolltreppen die beiden Druckwalzen-Zylinder, die die Seminarräume umschließen, sowie den in einem Wasserbecken stehenden Hörsaal in Form eines roten Eis. ◂

Michael Buselmeier (*1938), studierte Germanistik und Kunstgeschichte. Regieassistent, Schauspieler, Schriftsteller. Mitbegründer der Heidelberger Stadtzeitung Communale.
Lebt in Heidelberg.

Reinhard Hübsch

Dynamik der Veränderungen
Die Halbzeit-Ausstellung der IBA

Die Zwischenpräsentation zur Halbzeit der IBA Heidelberg bot dem IBA-Team die Gelegenheit, innezuhalten und das Erreichte der Öffentlichkeit zu präsentieren. Einerseits zeigt sich im Blick von außen auf die Schau das Besondere und Ungewöhnliche dieser IBA. Andererseits lassen sich neue Fragen erkennen, die Aufgaben für die zweite Halbzeit der IBA stellen.

Das 1938 erbaute Offiziersheim im einstigen Hauptquartier der US-Streitkräfte in Europa wurde zum »Mark Twain Center für transatlantische Beziehungen« umgebaut. Der Umbau wurde für die IBA-Zwischenpräsentation kurz unterbrochen. Die Stiftung Freizeit, Berlin, gestaltete die Ausstellung, Hanne Rung war kuratorische Projektleiterin bei der IBA. Unten im Bild: das Foyer

»Wir müssen uns«, so Heidelbergs Oberbürgermeister Eckart Würzner, »Gedanken machen über die zukünftige Entwicklung unserer Stadt in Zeiten einer Wissensgesellschaft.[...] Bei der Entwicklung dieser Zukunftsvision nimmt die Internationale Bauausstellung (IBA) eine Schlüsselposition ein.«[1] Und IBA-Direktor Michael Braum notierte eine Seite später: »Das Experiment IBA kann nur gelingen, wenn sie – die IBA – von Stadtgesellschaft, Politik und Verwaltung, der Wirtschaft und der Universität nach Kräften unterstützt wird.«[2] Braum markierte vier Handlungsfelder, die es zu bearbeiten gilt: Wissenschaften, Bildung, Vernetzungen und urbane Stoffkreisläufe,[3] wobei ihm klar ist, dass die Änderungen in der digitalisierten Welt sich »mit einer Dynamik« vollziehen, »die sich viele Menschen noch nicht vorstellen können.«[4]

ZWISCHENSTAND

An diesen, von der politischen Stadtspitze wie von der IBA-Leitung formulierten Prämissen muss sich die Ausstellung messen lassen, die im Sommer 2018 den Zwischenstand der Planungen zur IBA zeigte. Anders gefragt: Wurde die zukünftige Entwicklung der Stadt Heidelberg ins Auge genommen? Demonstrierte die Ausstellung die tatkräftige Unterstützung von Stadtgesellschaft, Politik und Verwaltung, von Wirtschaft und Universität? Und schließlich: Wurden die vier genannten Handlungsfelder thematisiert, und sind für sie realistische Zukunftsbilder entworfen worden?

Fünf Jahre hatte das Team um Michael Braum Zeit, Vergangenheit und Gegenwart der weltberühmten Universitätsstadt zu analysieren, sie zu vergleichen mit anderen Hochschulstandorten wie Cambridge, Palo Alto und Stanford, Lund und Leuwen. Die Ergebnisse dieser Recherchen zeigten sich eindrucksvoll in der Ausstellung, wo Stadt- und Universitätsflächen, Studiengebühren und Immobilienpreise miteinander verglichen wurden.

PROBLEMBEWUSSTSEIN

Damit formulierte die Präsentation scheinbar beiläufig, aber doch plausibel den Anspruch dieser IBA, den Prototypstatus der Wissenschaftsstadt vordenken zu wollen – ein Ansatz, der angesichts der Entwicklung, die sich derzeit in den Industrieländern vollzieht, auch notwendig ist: Produktion wird entweder ausgelagert in weniger kostenintensive Regionen der Welt oder aber in digitalen Prozessen automatisiert. Die Zukunft der hochentwickelten Regionen der Welt (und eben ihrer

---

1) Eckart Würzner: Heidelberg – Leben und Arbeiten im 21. Jahrhundert. In: Die Wissensstadt von morgen. IBA_LOGbuch N° 1, Zürich 2017, Seite 5

2) ebda., Seite 6

3) ebda., Seite 7

4) Michael Braum. In: Süddeutsche Zeitung, 27. April 2018

Städte) liegt mithin in der Produktion beziehungsweise Akkumulation von Wissen. Die Produktionsstätten dieses Wissens sind die Forschungslabore von Unternehmen und Hochschulen, und das demonstrierte die Ausstellung an zahlreichen Beispielen, nicht zuletzt auch an Exponaten aus der Universität Heidelberg. Ohne hier ins Detail gehen zu wollen, lässt sich doch bilanzieren, dass das IBA-Team mit viel Fantasie gearbeitet hat, um dem Publikum – also der Stadtgesellschaft – Problembewusstsein zu vermitteln.

SCHWIERIGE ORTE

Man kann übrigens kontrovers über den geschichtsträchtigen Ausstellungsort debattieren, was in Heidelberg bedauerlicherweise unterblieb: Das Entree mit einem Stadtmodell, auf dem die zentralen IBA-Projekte übersichtlich verortet waren, wurde erhellt, ja dominiert von einem militaristischen, völkischen Fensterbild aus der Zeit des Nationalsozialismus. Die Frage, ob ein ehemaliges Kasernenareal, zumal aus der NS-Zeit, ein geeignetes Lokal für eine Präsentation der IBA ist, provoziert divergierende Antworten. Kurator Carl Zillich räumte denn auch ein, dass dies »kein einfacher Ort« war und ist. Wie jüdische Bürger der Stadt, wie internationale Gäste diesen schwierigen Ort empfunden haben mögen, darauf gibt es allerdings wohl nur eine naheliegende Antwort.

In den Räumen, welche die US-Armee nach dem Zweiten Weltkrieg als Europäisches Hauptquartier genutzt hatte, wurden siebzehn IBA-Projekte und -Kandidaten vorgestellt: vom »Collegium Academicum« – ein selbstverwaltetes Studentenwohnheim mit originellen Wohnkonzepten für den wissensgesellschaftlichen Nachwuchs – über die »Werkstattschule« – für die nicht-akademische Jugend – bis zum Konferenzzentrum, wo die Vor- und Nachdenker der Zukunft sich austauschen werden; vom Erweiterungsbau des Museums Prinzhorn, wo außergewöhnliche Spuren der Wissensgesellschaft von gestern gesammelt, erforscht und präsentiert werden, über das »International Welcome Center«, wo die multikulturelle Wissensgesellschaft zueinander finden soll, bis zum Landschaftspark als Ort der Muße und Freizeit, den auch die Wissensstadt der Zukunft benötigt.

Nicht jedem Besucher mag sich die Dramaturgie der Ausstellung erschlossen haben, mancher kann den Parcours als überaus kompakt empfunden haben, und sicherlich wurde manchem Laien einiges abverlangt, um die Zeichnungen und Modelle auf Anhieb zu verstehen. Da werden die Führungen sicherlich einige Dolmetscher-Arbeit geleistet haben müssen.

DIE PROJEKTSCHAU

Gleichwohl, Fantasie und Kreativität wird man dem IBA-Team und den Ausstellungsmachern Stiftung Freizeit sicherlich nicht absprechen können. Und doch ist vermutlich einem arg begrenzten Ausstellungsetat die Tatsache geschuldet, dass die durch Computer-Darstellungen, aufwändige Kino-Spektakel, gigantische Festival- und Theaterinszenierungen verwöhnten Augen und Ohren mancher Besucher hier wohl etwas Raffinesse vermisst haben. Die digitalisierten Bildwelten der Gegenwart schaffen mittlerweile Anspruchshaltungen, die in der von Pressspan-Kojen dominierten Ausstellung manche Wünsche offen ließen.

Beeindruckend dagegen war die Präsentation des Herzstücks dieser IBA, nämlich die Planungen für das Patrick-Henry-Village (PHV), wo die Wissensstadt von morgen entstehen soll. Bestands- und Neubauten sowie die Wegeführung auf dem rund 20 Hektar großen Areal abseits der Kernstadt zeichneten sich klar ab. Dieses rund 30 Quadratmeter große Modell war, so ist zu vermuten, die Attraktion der IBA-Zwischenpräsentation. Hier, in der städtebaulichen Exklave PHV wird artikuliert, wie Wissen Stadt schafft, wie die Zukunft der Stadt aussehen kann.

LABORARBEIT

Dem kleinen Team um Direktor Michael Braum hat mit dieser Ausstellung Beachtliches gelungen, und wer dieses oder jenes – von dem noch die Rede sein muss – vermisst, sollte sich vor Augen führen, in wie vielen Kolloquien und Konferenzen (LABs und SUMMITs) alle Aspekte des urbanistischen Futurs gesammelt, diskutiert und erforscht, wie viele Experten aus Architektur und Stadtplanung hinzugezogen, wie viele Papiere, Dossiers, Dokumentationen und Bücher verfasst wurden, um fast alle Aspekte der Stadtentwicklung zu berücksichtigen. Das IBA-Team wurde so tatsächlich zu einem Laboratorium, in dem alles auf den Prüfstand gestellt und zahllose Szenarien durchgespielt wurden.

Eine solche Ausstellung kann all das nicht repräsentieren, sie kann bestenfalls einen Extrakt der zurückliegenden Forschungsarbeit servieren. Aber löst diese Zwischenbilanz die eingangs von IBA-Direktor Braum und Heidelbergs Oberbürgermeister Eckart Würzner formulierten Ansprüche ein?

Michael Braum, der zu Recht darauf hingewiesen hat, dass die Wandlungsprozesse sich mit einer ungeheuren Dynamik vollziehen, beschrieb damit auch ein Dilemma, mit dem Architekten und Stadtplaner sich konfrontiert sehen: Wohin nämlich diese Dynamik treibt, lässt sich derzeit nur in Umrissen erahnen. Aber schon diese schemenhaften Vorstellungen und Bilder machen deutlich, wie gravierend der Wandel sein wird.

In den Laboren der Automobilindustrie wird konkret an selbstfahrenden Kraftfahrzeugen gearbeitet. Die »neue Mobilität« wird nicht nur den Individualverkehr der Zukunft vollkommen umkrempeln, sondern auch den innerstädtischen Güterverkehr. Die Stadt der Zukunft wird mittelfristig mit einem rückläufigen Anteil von privaten Fahrzeugen rechnen müssen, das zeigen auch die Prognosen der Verkehrsplaner; [5] nicht zuletzt ökologische Entwicklungen mit ihrer enormen Lärm-, Abgas- und Feinstaubbelastung des Straßenverkehrs zwingen die Kommunen zu neuen Konzepten. In der IBA-Zwischenpräsentation findet sich allerdings keine Aussage darüber, wie die Stadt Heidelberg der Zukunft mit dieser Problematik umgehen soll beziehungsweise wird.

links: IBA-Projekte und -Kandidaten wurden mit ihren Entstehungsprozessen in »Projektregalen« vorgestellt.

rechts: Auch Ideen und Entwürfe für IBA-Kandidaten, die dann doch keine Aussicht auf Realisierung hatten, wurden präsentiert – hier beispielsweise solche von Studierenden.

---

5) Stephan Rammler: Die Mobilität der Zukunft ist entindividualisiert. In: Die Zeit, https://www.zeit.de/auto/2010-04/individualverkehr-mobilitaet (aufgerufen am 4. Juni 2019)

Internationale Vergleiche wurden mit diagrammatisch dargestellten Zahlen und Fakten vermittelt – zum Beispiel mit Zahlen zu Studierenden und Start-ups oder dem Verhältnis von Einwohner- und Studierendenzahl.

ÜBER DEN TELLERRAND

Verkehrsbeziehungen zwischen Stadt und Umland werden ebenfalls an Bedeutung gewinnen: Nicht alle, die in der Stadt arbeiten, können dort leben. Die Pendlerströme steigen in Metropolregionen ⬆ rasant an. »Insgesamt hat sich die Zahl der Berufspendler in den letzten 20 Jahren (…) um fast 70 Prozent erhöht« [6], wurde etwa für Berlin und Brandenburg bilanziert. Ähnliche Entwicklungen zeichnen sich auch für den Großraum Heidelberg ab, woraus nicht nur neue Aufgaben für den öffentlichen Nahverkehr, also Busse und Straßenbahnen, und den Regionalverkehr (zu dem sich in der Zwischenbilanz auch keine Aussagen finden) resultieren. Auch Stadtplaner und Politiker müssen weit über die Stadtgrenzen hinaus denken.

Zwischen dem Heidelberger und dem Mannheimer Bahnhof liegen weniger als 20 Kilometer, beide Städte sind Hochschulstandorte, beide Städte sind mit großen militärischen Konversionsflächen ⬥ beschäftigt, zwischen beiden Städten gibt es – bei allen Unterschieden – auch zahlreiche Gemeinsamkeiten, beide verbinden ähnliche Problemlagen. Die wirtschaftlichen und die Verkehrsbeziehungen hätten es sinnvoll gemacht, in der IBA Heidelberg die benachbarte Stadt und Region Mannheim mit zu berücksichtigen. Dem IBA-Team war das bewusst, und so wurden vier Gastprojekte, die aus Mannheim eingereicht wurden (etwa die Multihalle von Frei Otto) auch kooptiert. Doch wer die Heidelberger Stadtgesellschaft kennt, der weiß, dass für sie damit die Grenzen der Belastbarkeit erreicht waren.

---

6) www.zeit.de/auto/2010-04/individualverkehr-mobilitaet (aufgerufen am 4. Juni 2019)
7) www.morgenpost.de/berlin/article213335513/Zahl-der-Pendler-in-Berlin-und-Brandenburg-waechst-rasant.html (aufgerufen am 4. Juni 2019)

Reinhard Hübsch | Dynamik der Veränderungen

Die IBA zu einem Regionalprojekt zu machen, das war nicht gewünscht – weder die Einbeziehung von Mannheim noch die des benachbarten Ludwigshafen, wo mit der BASF ein globaler Akteur ⬦ der zukünftigen Wissensgesellschaft ansässig ist. Dass die Stadtplanung ⬦ der Zukunft an den eigenen Grenzen nicht halt machen kann, zeigen zahlreiche IBA-Unternehmen wie die IBA Basel – die sinnvollerweise das Dreiländereck einbezieht – und auch die IBA 2027, die ihren übergreifenden Ansatz bereits im Titel »StadtRegion Stuttgart« deutlich macht.

Vernetzungen und urbane Stoffkreisläufe, die es – so IBA-Direktor Michael Braum – zu bearbeiten gilt, kamen also in der Zwischenpräsentation zu kurz.

Die Gründe dafür mögen komplex sein, und sie angemessen zu erörtern, das sprengt den Rahmen dieser Betrachtung. Einer der Gründe mag darin liegen, dass die finanzielle Ausstattung dieser IBA es den Verantwortlichen nicht ermöglichte, weiter reichende Schritte zu gehen. Wer sich die Finanzvolumen vorangegangener wie auch zukünftiger internationaler Bauausstellungen ansieht und mit Heidelberg vergleicht, wird diesen wichtigen Grund erkennen.

Und schließlich: »Das Experiment IBA kann nur gelingen, wenn sie – die IBA – von Stadtgesellschaft, Politik und Verwaltung, der Wirtschaft und der Universität nach Kräften unterstützt wird« – so Heidelbergs Oberbürgermeister. Konservative Teile der Stadtgesellschaft blicken, immer noch, mit einiger Skepsis auf diesen notwendigen Modernisierunsprozess rund um das Schloss. Verwaltung und Universität haben sich dem IBA-Prozess nur widerwillig angeschlossen; die politische Führung, vornehmlich der erst 2017 ins Amt gekommene Baubürgermeister Osdzuck, fördert ihn dagegen im Rahmen ihrer Möglichkeiten. Doch ein wichtiger Akteur hält sich, auch das ist in der Zwischenpräsentation zu beobachten, bemerkenswert zurück: das Land Baden-Württemberg. Während die IBAs der vergangenen Jahrzehnte – von der IBA-Alt und IBA-Neu in Berlin über die IBA Emscher Park in Nordrhein-Westfalen bis zu der in Sachsen-Anhalt – von den jeweiligen Landesregierungen finanziell und organisatorisch gefördert wurden, sieht die Stuttgarter Landesregierung keine Notwendigkeit, sich beim Vorzeigeprojekt im High-Tech-Ländle zu engagieren. Alles das und eben auch dieses Manko war in der Zwischenpräsentation deutlich zu beobachten.

Hier muss man differenzieren. Die Stadt wollte die IBA und ünterstützt und finanziert diese auch von Anfang an. Sie tat sich zu Beginn des Prozesses zugegebenermaßen schwer damit, dem Anspruch einer *Next Practice* ⬦ zu genügen.

Die Universität hingegen, die ebenfalls von Beginn an in den Prozess eingebunden war, ist offensichtlich derart mit sich und den Exzellenzinitiativen beschäftigt, dass sie sich schwer tut, die IBA-Aktivitäten gebührend zu unterstützen. Mit dem Campus ⬦ Bergheim wurde seitens der Universität in der zweiten Hälfte der ersten Halbzeit ein erster Schritt gemacht, der für sich genommen jedoch nicht ausreicht, um das Thema Wissen | schafft | Stadt im IBA-Modus zu bespielen. ◂

Keine Heimatdichtung | Ralph Dutli

OVID UND ROSENKOHL

Ovid und Rosenkohl. Na klar. Wie alles. Ist gut so. Mit Maß. Ich bin ein Verehrer Ovids, der in seinen »Metamorphosen« festhält: »Keinem bleibt seine Gestalt.« Also andauernde zermürbende Verlustgeschäfte in jedem Wandel? Nein, die Feststellung bedeutet auch Zuversicht, laut Ovid: »Alles verändert sich nur, nichts vergeht.« Oder auch: Nichts stirbt. Mit unserem Körper ist es genauso, sagt derselbe Experte des Wandels, in der Übersetzung des berühmten Homer-Übersetzers Johann Heinrich Voß (1751 bis 1826), der 1805 in Heidelberg landete (letzte Ruhestätte Bergfriedhof): »An uns selber erfährt ja auch rastlose Verwandlung / Immer der Leib, und was wir gewesen und sind, wir verbleiben / Morgen es nicht.« Rastlose Verwandlung. Die mit uns alternde Welt verlangt uns immerzu ein stilles Einverständnis ab, dass dem eben so ist. Wir sind ständig im Fluss. Wie die Stadt am Fluss. Wer mag bestreiten, dass Heidelberg ein Körper ist, mit Kopf, Gliedern, Herz.

Die Stadt, wo man lebt, ist die Stadt, wo man strandet. Alle verwurzelnde Vorheimatung ist für mich ein Wahn. Ich bin ein Zugereister und bin es gerne, seit 25 Jahren hier – ohne Reue. Ich lebe hier so gern, weil nicht-heimisch. Vielleicht auch ein wenig erleichtert, dass ich hier nicht zum Heimatdichter werden muss. Von Heimat spreche ich selten oder nie.

Vielleicht weil ich Luftwurzeln habe. Das Buntscheckige trage ich in der Biographie: zufällig Schweizer, halber Italiener, angeheirateter Franzose, der vor allem russische Gedichte ins Deutsche übertragen hat, Exilant mit multiplem Poesie-Pass, und ohne zu zögern – Europäer.

Ich habe einmal geschrieben: »Poesie ist selbst ein dauerndes Ausland und Anderswo, auch wenn es hier stattfindet. Sie ist die permanente Einübung ins Exil, eine sinnreiche Eingewöhnung in ein mobiles Anderswo, wo man sich (wo der Text sich) neu einnisten muss.« Wo ich die Poesie als Lebensweise praktizieren darf, da bin ich auf merkwürdige Art zu Hause. Heidelberg ist mein glückliches Zuhause, weil ich hier nicht-heimisch sein darf, aber nicht völlig fremd.

Ich habe zuvor zwölf Jahre in Paris gelebt, Heidelberg ist mir immer paradoxal internationaler vorgekommen, hier habe ich russische, iranische, brasilianische Freunde. Es ist hier so leicht möglich. Vielleicht ist Ovid mein Einbürgerungsbeamter.

Heidelberg ist ein wundervolles Sprungtuch, um abzuheben, abzuschweifen in andere Gegenden. So wie auch die Bücher hinauswandern. Die Luftwurzeln sind also vielleicht auch professionell bedingt. Jeder Roman bedeutet multiple Identität, auch er ist Verwandlung, ein sich veränderner Körper. So körperhaft wie die Stadt Heidelberg, die auch ziemlich romanhaft ist. Ein paar Stränge, die erst locker, dann zunehmend strenger zueinander finden. Auch der Roman ist eine Stadt, in der man sich verlaufen kann. Seit sie UNESCO-Literaturstadt ist, wird sie mir, entgegen ersten Vermutungen, doch noch wertvoller. Das ganze Netz, das daraus entstanden ist. Wie schön, sich darin zu verfangen.

Die einzige Identität, die ich für mich beanspruche, ist eine multiple. Das Identitäre bringt mich zum Lachen. Heidelberg soll uneinheitlich bleiben. Das ist für den Roman gesund wie für den Körper. Villenviertel und Bahnstadt, Boxberg und dörfliches Handschuhsheim. Auch der Odenwald liegt für mich mitten in Heidelberg, selbst das Neuenheimer Feld (gepriesen sei es!). Im Wald bleibe ich im Gespräch mit der Bibliothek. Bei einer Fahrradfahrt gegen Abend bin ich im »Feld« einem merkwürdigen einzelnen pflanzlichen Turm begegnet. Aufgeschossener Rosenkohl, spiralförmig aufsteigend. Unabgeerntet. Grün-violett. Stehengeblieben. Vereinzelt und vergessen. Irgendwie magisch. Noch vor dem ersten Frost. Die Kohlköpfchen hingen wie kleine Lampions am schamlos aufragenden Stengel. Auf Französisch heißt der Rosenkohl: »Choux de Bruxelles«, also Brüsseler Kohl. So hat sich die Europa-Idee und deren Verwaltungshauptstadt ironisch ins Neuenheimer Feld eingeschlichen als irre Rosenkohl-Angelegenheit. Geschmacklich sind diese Blattröschen nicht mein Lieblingsgemüse, aber architektonisch und als Idee doch sehr attraktiv.

Einheit ist Keinheit. Kontrast ist keine Last. Die Gefahr besteht darin, dass die Stadtviertel nur wie einzelne Kohlröschen am aufragenden Stengel verbleiben, ohne Kontakt untereinander. In der kollektiven Vereinzelung des Rosenkohls. Das beste Mittel dagegen ist die Kultur. Sie baut die zitternden, aber soliden Brücken, die Musik machen. Ich liebe das Muster in allem, ich mag das Gesprenkelte, Gefleckt-Gescheckte, Geäderte, Gemaserte, Narbige, Gemischte, das universale Durcheinander, die Rumpelkammer des Weltalls. Deshalb soll Heidelberg nicht einheitlicher werden, als es nie wird sein können. Ich mag es mit hinterlistiger Fröhlichkeit, dass die Gabeln und Messer aus völlig verschiedenen Sets stammen, Laken und Kissenbezüge aus unterschiedlichen Epochen meines Lebens. So schlafe ich mich durch meine alten Träume. Gemachte Betten haben mich nie interessiert.

Deshalb darf Heidelberg gern ein ungemachtes Bett bleiben. Stoße ich eine der Luken auf, lebe ich auf der Höhe der Bäume, grüße die weisen Eichhörnchen, die flinke Philosophen sind, kein Zweifel. Ovid und Rosenkohl. Keinem bleibt seine Gestalt.

Ralph Dutli (*1954) studierte in Zürich und Paris Romanistik und Russistik. Inzwischen lebt er als freier Schriftsteller in Heidelberg. Romanautor, Lyriker, Essayist, Biograph, Herausgeber und Übersetzer vorwiegend russischer Dichter. Er erhielt zahlreiche Preise und Auszeichnungen.

Olaf Bartels

Das Wissen um (Frei-)Räume
Die Veranstaltungen zur IBA-Halbzeit

Nicht allein mit einer Ausstellung, sondern mit einer Fülle von Veranstaltungen stellte sich die IBA Heidelberg zur Zwischenpräsentation einer interessierten, kritischen Öffentlichkeit. Bei Vorträgen, Ortsterminen, Ausstellungsführungen, Diskussionsrunden, Symposien und Workshops wurde rund neun Wochen lang vermittelt, hinterfragt, in die Zukunft geblickt.

Natürlich stand am Anfang all dieser Veranstaltungen eine Art Selbstvergewisserung. Sie betraf die IBA selbst: Wie weit sind wir gekommen? Was haben wir geschafft? Was muss noch kommen? Sie betraf aber auch die Stadt Heidelberg: Was machen wir mit dem Wissen, das hier erarbeitet, gesammelt und verdichtet wird? Welche Außenwirkung ist damit verbunden, und welche Räume, welche Infrastruktur, welche Qualitäten muss die Stadt dafür liefern?

Die Selbstvergewisserung zum Stand der Dinge im Bezug auf Wissenschaft und Stadt betraf national und international aber gleichzeitig alle, die an der Zukunft unser Städte mitwirken.

WIE WEIT SIND WIR?

Wie machen es die anderen Städte in vergleichbarer Größe und mit vergleichbar bedeutenden Universitäten? Diese Frage stand am Beginn des dritten IBA_SUMMIT, »*Knowledge Based Urbanism*«, der Auftaktkonferenz zur Zwischenpräsentation Ende April 2018. Sie gab damit den Start für eine Fülle von Veranstaltungen frei, die auch jene Bürger ansprechen sollten, die sich nur latent oder gar nicht mit Stadtentwicklung oder Architektur beschäftigen, um sie für die Themen Architektur und Städtebau zu sensibilisieren.

Schließlich muss die IBA Heidelberg ihre Ergebnisse für die Menschen in Heidelberg und deren Besucher nicht nur theoretisch und abstrakt nachvollziehbar, sondern physisch sicht- und vor allem erlebbar machen. Eine Zwischenpräsentation zieht allerdings erst einmal eine Bilanz zu Themen und Projekten und führt die Orte vor, an denen etwas geschehen, sprich: gebaut werden soll. Den Abschluss der Zwischenpräsentation bildete dann Anfang Juli das so genannte IBA_LAB, das die »Wissensstadt von morgen« thematisierte.

WIR MÜSSEN REDEN

Ein wichtiges Thema der IBA Heidelberg sind die »Wahlverwandtschaften« mit anderen Städten weltweit, deren Größe und Situation mit Heidelberg vergleichbar sind. Vertreter von vier dieser *Knowledge Pearls* ↑ aus mehr oder weniger fernen Ländern, konkret aus Cambridge (Großbritannien), Palo Alto/Stanford (USA), Lund (Schweden) und Leuven (Belgien) waren nach Heidelberg gekommen, um sich untereinander und mit ihren Gastgebern auszutauschen, die Besonderheiten der jeweiligen Stadt zu präsentieren, Parallelen und Unterschiede zu markieren, Ebenen der Vergleichbarkeit zu finden, Pläne zu erörtern und Perspektiven abzuschätzen.

Die IBA kann sich schon jetzt zugute halten, dass sie dieses Netzwerk erfolgreich zu knüpfen wusste. Denn der Austausch über die jeweiligen Verflechtungen zwischen Wissenschaft, Verwaltung und Wirtschaft – die in diesen Tagen in Heidelberg oft zitierte »Triple-Helix« ↑ – beziehungsweise deren planerische Ausrichtung und Perspektive ist ein wichtiges Instrument, um den eigenen Standort zu bestimmen und den der Partner zu kennen.

Dieses Gipfeltreffen – der IBA_SUMMIT – sollte nicht das letzte gewesen sein, und man kann nur hoffen, dass dieses Veranstaltungsformat die IBA in Heidelberg überdauern wird.

links: Hanno Rauterberg (Die Zeit) sprach über »Die Stadt der Zukunft«.

unten: Walter Siebel resümierte die IBA-Themen beim abschließenden IBA_LAB auch kritisch.

Olaf Bartels | Das Wissen um (Frei-)Räume

Claus Leggewie widmete sich dem »Knowledge based Urbanism, Sustainability, Participation and Eigenart«.

Kees Christiaanse erläuterte bei der Konferenz »IBA_LAB N° 6 – Die Wissensstadt von morgen« die Koproduktion als Kombination von partizipativer Stadtentwicklung, Baugruppen, lokaler Ökonomie und Coworking.

DAS WISSEN ÜBER DIE VERFLECHTUNGEN VON WISSENSCHAFT UND STADT

Der Blick auf die Wechselwirkungen von Stadt, Forschung, Lehre und Bildung auf der einen, der Wirtschaft auf der anderen Seite sowie auf das Leben, das sich in diesem Geflecht entwickelt, ist buchstäblich eine Wissenschaft für sich. Das machten die SUMMIT-Vorträge des Soziologen Claus Leggewie und des Stadtplaners Kees Christiaanse einleitend von unterschiedlichen Standpunkten aus deutlich.

Claus Leggewie diskutierte dies strikt aus der Sicht der Wissenschaft und im Wesentlichen unter fünf Gesichtspunkten: der gesellschaftlichen Freiheit, die angesichts der Entwicklungen in Ungarn, der Türkei, Russland, China, aber inzwischen auch in den USA neu zu thematisieren sei. Der Offenheit von Wissenschaft, die dem kontemplativen Bedürfnis einiger Forscher nach Ruhe im »Elfenbeinturm« zwar entgegen stehe, aber dennoch ihren Beitrag zu Lehre und Bildung zu leisten habe. Sie trage letztlich auch zur nachhaltigen Verfügbarkeit von Erkenntnissen bei. Dabei nehme das Prinzip der Partizipation, der Teilhabe an der Wissenschaft und ihren unterschiedlichen Disziplinen, eine wichtige Rolle ein. Interdisziplinarität entwickele sich immer mehr zu einer Multidisziplinarität, von einem Spezial- zu einem Generalwissen, zu einem *Common Sense*. Als entscheidend für die Entfaltung der Wissenschaft in diesem Sinne hält Claus Leggewie eine einladende Architektur für wissenschaftliche Einrichtungen und deren gute räumliche Vernetzung in den Städten. Sie müssten sich auf dem hart umkämpften Immobilienmarkt einen zentralen städtischen Ort sichern. Die von Stararchitekten versprochene Schönheit sei dabei vielleicht entbehrlich, nicht aber die beizeiten von Alexander Mitscherlich eingeforderte »Wirtlichkeit« der Städte sowie ihre Durchmischung, die schon Jane Jacobs ihrerzeit in New York zu verteidigen versucht habe.

Der Stadtplaner Kees Christiaanse argumentierte in eine ähnliche Richtung. Auch nach seiner Auffassung sollen kleinteilige, gemischt genutzte und eng vernetzte Quartiere entstehen, in denen geforscht, gelehrt, produziert, gewohnt und gelebt wird. Als aktiver, eben auch im Rahmen der IBA in Heidelberg tätiger Planer weiß er natürlich, dass dies nicht allein in den zentralen Altstadtbereichen möglich sein kann, zumal die großflächigen Wissenschaftseinrichtungen kaum mehr neue zentrale Orte in den (Alt-)Städten finden. Er spannte für seine Argumentation ein breites Spektrum interessanter, wenn auch nicht immer vergleichbarer Fälle auf, deren Gesamtheit aber in eine Richtung wies: Es ging Kees Christiaanse darum, Möglichkeiten für vielfältige, kleinteilig vernetzte räumliche Strukturen aufzuzeigen. An den meisten seiner Beispiele hat er mitgeplant. Das lässt für das Patrick-Henry-Village, an dessen Planung er ebenfalls mitwirkt, auf eine Erfüllung der Wünsche hoffen, die Claus Leggewie zuvor formuliert hatte.

WO GEHT ES LANG?

Waren damit aber schon die »Wissensstädte von morgen« umschrieben? Eine Internationale Bauausstellung kann es sich nicht nur leisten, über den Tellerrand hinaus zu schauen, sie muss es schon aus ihrem eigenen Selbstverständnis heraus, auch wenn man sich in Deutschland sonst damit schwer tut. Dafür war eine weitere Konferenz notwendig, die am Ende der Zwischenpräsentation nicht nur die zweite Halbzeit der IBA in Heidelberg eröffnete, sondern weit darüber hinaus auch ins nichteuropäische Ausland blickte.

Harald Welzer stellte beim »IBA_LAB Nº 6« die digitale der analogen Stadt gegenüber – und bewertete die analoge höher, um der Vereinzelung von Menschen mit der Qualität des Städtischen entgegen zu wirken.

Der Soziologe und Zukunftsforscher Harald Welzer holte allerdings gleich zu Beginn dieses IBA_LAB hochfliegende Vorstellungen von der digitalen Stadt als der eigentlichen Vision der »Wissensstadt von morgen« auf den Boden der Realität zurück. Die »analoge« Realität städtischer Qualitäten in ihrer Vielfältigkeit, ihren Widersprüchen, ihren Reibungen, Begegnungen und der Direktheit ihrer medial immer noch sehr viel umfassenderen Kommunikation von Angesicht zu Angesicht sei die notwendige Antwort auf die Anforderungen der Wissensstadt – nicht die *Smart City* ⬆. Das klang sehr nach *old school* – bringt Harald Welzer doch genügend Lebenserfahrung – auch als Wissenschaftler – für eine solche Erkenntnis mit.

Aber er benannte noch einen anderen Aspekt: Die *Smart City* gehe mit dem Prinzip der offenen Stadt, der offenen Gesellschaft nicht einher. Die breite Verfügbarkeit von Daten und die damit verbundene Transparenz bedrohe die Demokratie. Der Umgang mit elektronischen Daten in China gibt in der Tat Anlass zur Sorge. Soziale Punktesysteme sowie die elektronische Kontrolle von Verfehlungen und Wohltaten seien nicht gerade beispielhaft für demokratische Prozesse. Im Gegenteil ermögliche die Offenheit der Daten in China eine umfassendere Überwachung der Bevölkerung als unter Gestapo und Stasi zusammen. Dies ist in der Tendenz aber eben nicht nur in China, Russland oder in der Türkei zu beobachten, auch bei uns zeigt die Debatte um Gesichtserkennung, Videoüberwachung und Datenschutz die Konfliktfelder auf. Harald Welzer kam zu dem Schluss, dass die Offenheit einer Gesellschaft, auch einer Stadt nur zu erreichen sei, wenn es gleichzeitig private Orte und Geheimnisse geben könne. Diese seien in den alten Städten noch gegeben und ihre Realität deshalb nicht verzichtbar.

Olaf Bartels | Das Wissen um (Frei-)Räume

Selbstverständlich war allen Teilnehmern bewusst, dass die elektronische Datenverarbeitung längst Einzug in die Wissenschaft gehalten hat und ein unverzichtbares Instrument der Stadtplanung ist – ganz abgesehen davon, dass unser alltägliches Leben bereits ganz erheblich von digitalen Daten, Werkzeugen, Steuerungen und vielem mehr dominiert ist.

Plastisch wurde Welzers mahnender Hinweis auf den Widerspruch zwischen digitaler und offener Stadt dann noch einmal an einem anderen Beispiel: Undine Giseke wies in ihrer erbetenen Erwiderung auf Harald Welzer auf den Konflikt zwischen den Anforderungen für autonomes Autofahren und einem Vorrang für den Fahrradverkehr: hier der von Algorithmen gesteuerte Autoverkehr mit abschöpfbaren Daten, dort der individualistische, chaotische, bisweilen anarchische Fahrradverkehr, wie er derzeit zumindest in Großstädten wie Berlin oder Hamburg üblich ist und eben diese Daten (noch) nicht hergibt.

Die IBA_LAB-Konferenz machte aber auch deutlich, dass die planerische Realität der (Wissens-)Städte von der Apokalypse noch etwas entfernt ist, die in Harld Welzers Vortrag zumindest im Hintergrund aufschien.

Die Teilnehmer der drei Panels trugen klare Wünsche beziehungsweise Forderungen vor: nach einer nichtsdestotrotz ergiebigen digitalen Vernetzung (Nicolas Buchoud) und den erlebbaren natürlichen Stoffkreisläufen, Ressourcen und Abfällen in der Stadt (Antje Stockmann); nach einer universal nutzbaren (Dietmar Eberle) oder einer strikt an den jeweiligen Nutzerbedürfnissen orientierten Architektur für Wissenschaften und Lernräume (Leif Daniel Houck); oder nach den Vorstellungen von einer besseren Koproduktion durch »Simultanschach im Städtebau« (Kees Christiaanse) und schließlich nach der Balance zwischen Partizipation, Macht und Architektur (Susanne Hofmann).

Die Summe dieser Forderungen ergab auch mit den Nachfragen und Publikumsbeiträgen am Ende noch keine Vision der »Wissensstadt von morgen«. Das war nicht zu erwarten, denn Planern und Architekten obliegt es zwar, professionell in die Zukunft zu schauen und sich eine »bessere« Welt vorzustellen. Zu utopisch können diese Vorstellungen aber nicht sein, wenn sie pragmatisch praktikabel bleiben sollen. Zumindest hatte die Konferenz aber ein paar Wege aufgezeigt, in die sich unsere Städte im allgemeinen und im Bezug auf Wissenschaft und Bildung entwickeln sollten.

ENDE MIT AUSSICHT

Am Ende der Veranstaltungen zur Zwischenpräsentation bescheinigte der Soziologe Walter Siebel der IBA noch, auf dem richtigen Weg zu sein. Ihre kommunale Basis verpflichte sie, nahe an den tatsächlichen Problemen einer Stadt zu sein, in der die Wissenschaft das Leben bestimmt. Dabei sprach Walter Siebel das wirklich nur schwer verständliche Missverhältnis in der finanziellen Förderung der IBA-Heidelberg an. Der Bund sei im Gegensatz zum Land Baden-Württemberg ein Förderer ihrer Projekte. Ansonsten müsse allein die Stadt die Kosten tragen.

Die IBA bewegt Probleme, die zunächst lokal erscheinen. Sie haben aber eine übergreifende Relevanz, die insbesondere ein Bundesland wie Baden-Württemberg mit wichtigen Wissenschafts- und Industriestandorten betrifft. Ihre internationale Relevanz haben alle bisherigen Veranstaltungen der IBA, alle SUMMITs und LABs insbesondere während der Zwischenpräsentation bewiesen. Profitieren werden von den Ideen, den Prozessen, den Diskursen und den Ergebnissen der IBA neben Heidelberg selbst sicher auch große Städte wie Hamburg, Berlin oder München: wachsende Großstädte, in denen Produktion, Wissen sowie Wissenschaft neue *Cluster* bilden. Dort ist man der IBA-Heidelberg dankbar. In Stuttgart auch?

linke Seite, oben:
Undine Giseke

unten: »Lasst die Jungen ran!« Die Rolle junger Menschen in Heidelberg debattierten (von links): Matthias Burgbacher, Shiva Hamid, Sebastian Riemer, Margarete Over und Jasper Schmidt.

oben, von links nach rechts: Anouk Kuitenbrouwer, Amber Sayah, Klaus Trojan und Thomas Sieverts diskutierten über drei große Stadtentwicklungsprojekte Heidelbergs: das Patrick-Henry-Village (PHV), die Bahnstadt und den Emmertsgrund.

_PROJEKTE

#073
Seite 54

#070
Seite 40

	_WISSENSCHAFTEN	_S. 36
	_LERNRÄUME	_S. 50
	_STOFFKREISLÄUFE	_S. 68
	_VERNETZUNGEN	_S. 80
	_PATRICK HENRY VILLAGE	_S. 92

Anfang des neuen

Poetage | Frank Barsch

SPAZIER-

Zuerst waren die Brachen. Ein alter Schießplatz im Süden der Stadt. Der Güterbahnhof, verlassen. Aber warum? Unbewohnte Kasernen. Ein Krankenhaus mit dunklen Fenstern erzählt von nicht enden wollenden Kriegen. Brachen waren in Heidelberg selten geworden. Und dann: diese großen Geschenke. Etwas, das allen gehörte.

Zwischen den Schienen wächst Gras. Birken und Sommerflieder lieben die Brache. In der Stadt plötzlich ein völlig anderes Gefühl für das Vergehen der Zeit. Der Anfang des Vogelgesangs. Hier haben alle Gedanken leicht Platz. Auch die, die noch gar nicht gedacht sind. Und da ist immer noch Weite.

Wie ein Missverständnis ragen die schroffen Bauten des Emmertsgrund in den Himmel. Die Pläne für einen lebendigen, der Altstadt vergleichbaren Stadtteil unterstützte die Stadt damals nicht. Ein Missverständnis, das vor zehn Jahren verkauft werden sollte, um neue Missverständnisse finanzieren zu können.

Die Kunst besteht darin, gleichzeitig zwei einander ausschließende Meinungen aufrechtzuerhalten. Zu wissen, dass sie einander widersprechen, und an beide zu glauben. Die Logik gegen die Logik ins Feld zu führen. Die Moral zu verwerfen, während man sie für sich in Anspruch nimmt. Vor allem aber, dem Verfahren selbst gegenüber das gleiche Verfahren anzuwenden.

Stadtrand. Ausfallstraße. Die alte Poststation, das ehemalige Hospital und jetzt ein Platz für Studenten. Studenten, die kritisch denken, kreativ sind, neue Wege gehen, selbstbestimmt, egalitär, Verantwortung übernehmen, wertschätzend kommunizieren, sich und andere bilden, offen und nachhaltig. Wohin aber gehen wir, wenn alles neu und geregelt ist, in der Welt?

Römerstraße, stadteinwärts. Amerikanische Siedlung. Überraschende Großzügigkeit. Eine Seltenheit, so ein Freiraum, leicht atmet man hier. Freiraum, bewohnt von Studenten ohne Agenda. Wenn sich das zu einem Gedanken verdichtet, zu einem Beispiel: Studenten und Weite, Studenten und Geist, das ergäbe wohl ... Freiheit?

Es wird gebaut, wurde gebaut, wird gebaut werden. Qualitätsvolle Wohnungstypen für differenzierte Nachbarschaften. Doch nichts ist heute denkbar ohne dieses Wort: Nachhaltigkeit. Nachhaltiger Abriss erstklassiger Wohnungen, nachhaltiger Stahl, nachhaltiger Beton, nachhaltige Dämmung und nachhaltige Maschinen. Könnte man nicht, wo alles schon da ist, das Bauen verbieten?

Am alten Hauptquartier vorbei. Einen neuen Park, einen besseren Park wollen wir hier errichten: Ein experimenteller Prozess hat zu einem anspruchsvollen Wettbewerbsergebnis geführt. Doch noch wird sich der innovative Freiraumansatz im zukünftigen Austarieren der Ansprüche von Entwerfern und Eigentümern beweisen müssen.

GANG AM ANFANG DES NEUEN JAHRHUNDERTS

Diejenigen, heißt es, die ein Teil der Maschine sind, sind unvergleichlich mehr, als diejenigen, die frei in der Welt leben. Aber man muss nicht alles, was der, der ein Teil der Maschine ist, sagt, für wahr halten. Denn er wird mit der Notwendigkeit argumentieren.

Nichts ist ohne seinen Kontext wahr. Wer eine Tom-Sawyer-Straße entlang geht, weiß, dass Tom bald zu den achtbaren Mitgliedern dieser Gesellschaft gehört. Huckleberry Finn hingegen besitzt die Fähigkeit, die wirkliche Welt zu sehen. Er urteilt aber nicht über sie, sondern überlässt es ihr, das Urteil über sich, selbst zu fällen.

Durch die Römerstraße weht der Wind. Die verschwundenen Bäume würden jetzt grün. Im Haus der Jugend wird man vielleicht nach einer für alle Menschen gültigen attraktiven neuen Orientierung suchen. Und ein Bild finden, das zum Ausdruck bringt, worauf es im Leben, im Zusammenleben und bei der Gestaltung der Beziehungen zur äußeren Welt ankommt: auf Vertrauen, auf wechselseitige Anerkennung und Wertschätzung, auf das Gefühl und das Wissen aufeinander angewiesen, voneinander abhängig und füreinander verantwortlich zu sein.

Im Schotterbett an den Gleisen entlang, am Bahnhof vorbei, immer am Rand. Kaum sichtbar, abseits des regulären Schulbetriebs entstehen neue Formen der Inklusion. Ein Gelände, das den Raum zwischen Großmärkten, Industrie, ehemaliger Arbeitersiedlung und Bahnstadt aufwerten wird. Hinter einem Zaun, der auf das, was im Inneren passiert, aufmerksam machen soll.

Je größer die Geschwindigkeit der Bewegung, um so absoluter wird die Kontrolle. Untergraben Politiker, die sich hinter dem Sachzwang verstecken, nicht unsere Demokratie?

Bahnstadt, Gadamerplatz, ein Strudel aus Zeit. Wem gehört jetzt, was gestern noch allen gehörte? Ist das Verstehen nicht das legitime Gegenüber des Wissens? Beim Versuch, die Vergangenheit zu verstehen, ist zu bedenken, dass unser gegenwärtiger Horizont ein Ergebnis dieser Vergangenheit ist. Wer in die Vergangenheit reist, und dort etwas ändert, verändert die Gegenwart, sich selbst, diesen Platz und die Menschen drauf.

Die Kinder, die hier zur Schule gehen, werden bald protestieren. Gegen Eltern, Politiker, Ingenieure, Wissenschaftler und Architekten. Die Ausrede, das, was hier ist, sei nur ein Missverständnis gewesen, lassen sie nicht mehr gelten. Und die, gegen die sie protestieren, werden sie für ihren Protest nicht mehr loben. Dann beginnt das neue Jahrhundert.

Frank Barsch (*1960), seit 1982 in Heidelberg. Promovierter Literaturwissenschaftler, lehrt an den Universitäten Mannheim, Koblenz-Landau und an der PH Heidelberg. Mitbegründer des Festivals »Literatur Herbst Heidelberg«

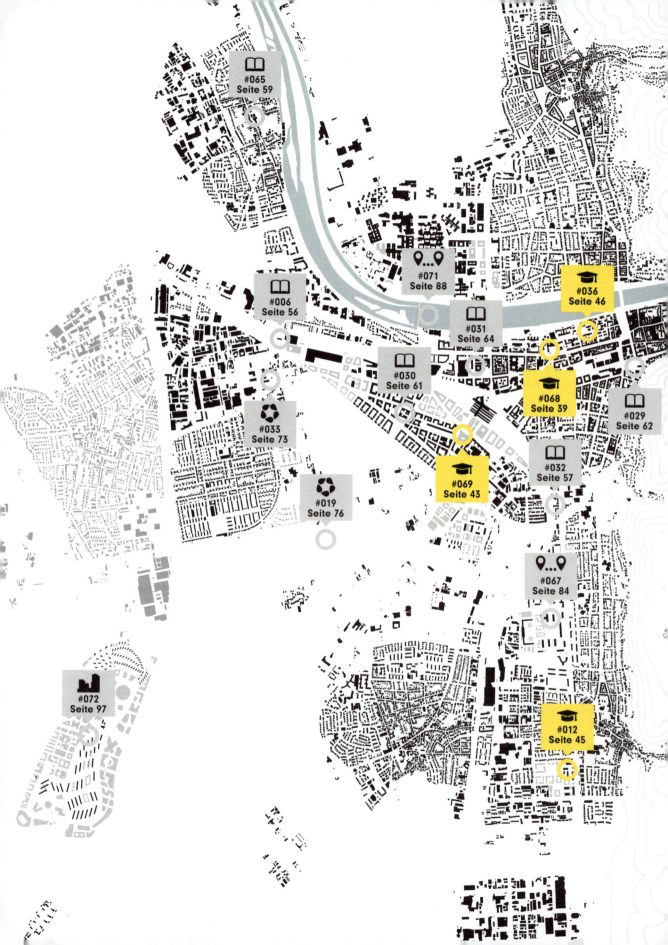

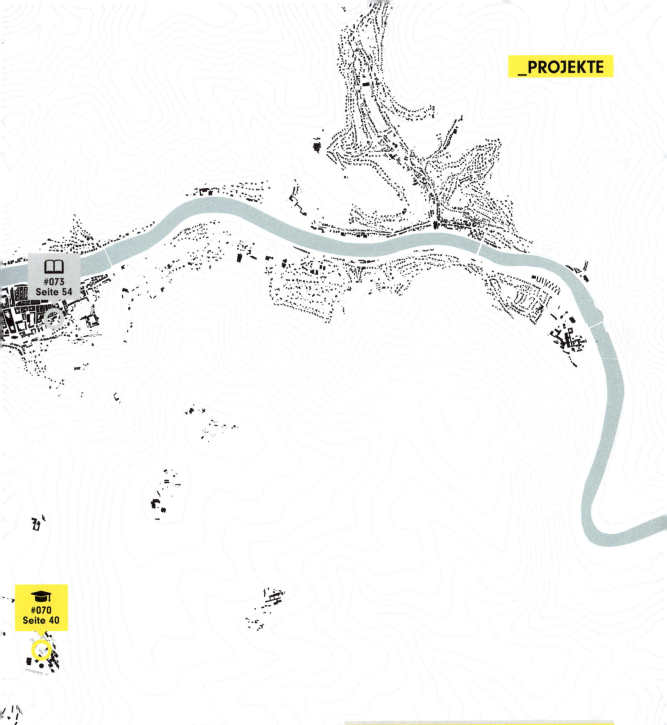

_PROJEKTE

🎓	_WISSENSCHAFTEN	_S. 36
📖	_LERNRÄUME	_S. 50
♻	_STOFFKREISLÄUFE	_S. 68
📍…📍	_VERNETZUNGEN	_S. 80
🏙	_PATRICK HENRY VILLAGE	_S. 92

Walter Siebel

Local Heroes, Global Players
IBA-Projekte für wissenschaftliche Einrichtungen

Bilder aus der Wissenschaftsstadt der Zukunft: Fünf Projekte der IBA Heidelberg setzen am Thema »Wissenschaften« an und werden sich daran messen lassen müssen, wie sie Teile der Stadtgesellschaft wieder zusammenführen, die sich in Heidelberg über Jahrzehnte sozial und architektonisch auseinander oder zumindest ambivalent entwickelt haben.

VIELFALT DER STADTGESELLSCHAFT

Auf der Süd- und damit der Altstadt-Seite des Neckars liegt der Campus Bergheim (#068), mit dem sich ein groß angelegtes IBA_Projekt befasst. Im Areal dieses Campus' werden Pädagogik, Kultur- und Sozialwissenschaften angesiedelt, Disziplinen, deren kulturelle Distanz zur Stadtgesellschaft geringer ist als bei den Natur- und Technikwissenschaften. Die Unterbringung in den denkmalgeschützten Klinikgebäuden verspricht eine anregende, spannungsreiche Beziehung zwischen den Geschichten, die diese Gebäude erzählen, und der ganz anderen Erfahrungswelt der Forscher und Studenten. Aber der Campus Bergheim ist eine Insel, was sowohl historische als auch städtebauliche Gründe hat. Der Stadtteil wurde im 19. Jahrhundert zu einem damals modernen, aber »introvertierten« Klinikareal ausgebaut. Insbesondere die Psychiatrie war eine nach außen hermetisch geschlossene Anstalt. Die Psychiatrie ist heute überwiegend ambulant organisiert, und die Monofunktionalität des Klinikums wurde inzwischen durch Wohnbauten aufgebrochen.

Trotzdem dürfte das Bild eines nach innen orientierten, inselhaften Stadtteils noch wirksam sein – vor allem, weil Bergheim durch verkehrsbelastete Straßen vom nahen Neckar wie von den anderen Stadtteilen abgeschnitten ist. Eine Brückenauffahrt im Norden verhindert sogar, dass der Radweg über den Neckar nach Bergheim weiter geführt wird. Und im Süden bildet der verkehrsreiche Bismarck-Platz eine Barriere zur Altstadt. Die Insellage des Campus steht im Gegensatz zum Anspruch der IBA, Wissenschaft stärker in die Stadt einzubinden.

Es steht zu befürchten, dass die verbleibenden zeitlichen und materiellen Ressourcen der IBA nicht ausreichen, daran viel zu ändern. Das Mindeste wäre nun, 2022 einen Plan dafür zu präsentieren, wie eine Lösung für dieses strukturelle Problem des Stadtteils in Ansätzen beschaffen sein könnte.

Umso mehr wird es darauf ankommen, bei den einzelnen Bauvorhaben eine architektonische und funktionale Öffnung der Wissenschaft gegenüber der Stadt sicher zu stellen.

Wissenschaften
#068 Campus Bergheim der Universität Heidelberg
NEUORDNUNG DES HISTORISCHEN CAMPUS UND VERNETZUNG MIT DER STADT

ECKDATEN

▶ **ORT:**
Campus um die Voßstraße
69115 Heidelberg

▶ **TRÄGER:**
Vermögen und Bau Baden-Württemberg, Amt Mannheim und Heidelberg

▶ **IBA-STATUS:**
IBA_KANDIDAT

PROJEKT:
Die Universität Heidelberg plant gemeinsam mit der IBA in verschiedenen Teilprojekten die Potenziale des nahe der Altstadt und des Neckars gelegenen Campus' Bergheim weiterzuentwickeln, wobei auch attraktive öffentliche Orte und Freiflächen geschaffen werden.

DIE PROJEKTTRÄGER:
»Durch die Transformation des ehemaligen Klinikareals im Stadtteil Bergheim, wo sich Lern-, Bildungs- und Kultureinrichtungen dicht beieinander befinden, wird eine neue Verbindung zwischen Universität und Stadt geschaffen – und somit ein Beitrag im Sinne des IBA-Mottos Wissen | schafft | Stadt.«

Wissenschaften
#070 EMBL Imaging Centre
SCHAUFENSTER FÜR DIE WISSENSCHAFT

PROJEKT:
Mit dem neuen EBML Imaging Centre entsteht ein weltweit einmaliges Nutzer- und Servicezentrum für Licht- und Elektronenmikroskopie, das offen ist für Wissenschaftler und interessierte Besucher. Der Neubau stellt aufgrund seiner sensiblen technischen Ausstattung auch an die Konstruktion höchste Ansprüche.

DIE PROJEKTTRÄGER:
»Das EMBL Imaging Centre wird als international sichtbares Nutzerzentrum für bildgebende Verfahren Spitzenforschern aus aller Welt die neuesten Technologien zugänglich machen und somit den Wissenschaftsstandort Heidelberg stärken. Doch es steht auch Nichtwissenschaftlern offen: Eine ständige Ausstellung wird Besuchern die gesellschaftliche Relevanz lebenswissenschaftlicher Grundlagenforschung am EMBL allgemeinverständlich vermitteln.«

ECKDATEN
▶ **ORT:**
Meyerhofstraße 1
69117 Heidelberg
▶ **TRÄGER:**
Europäisches Laboratorium für Molekularbiologie (EMBL)
▶ **ARCHITEKTUR:**
gerstner + hofmeister architekten, Heidelberg
▶ **IBA-STATUS:**
IBA_PROJEKT

Walter Siebel | Local Heroes, Global Players

Einer der Leuchttürme in der Wissenschaftslandschaft Heidelbergs ist das European Molecular Biology Laboratory (EMBL). Am Waldrand, am Ende einer Straße, außerhalb und oberhalb der Stadt gelegen und eher schlecht angebunden durch öffentliche Verkehrsmittel, drängt es den Eindruck klösterlicher Abgeschiedenheit auf. Der Campus des EMBL hat bereits heute ein solches Eigengewicht erreicht, dass die geplanten Erweiterungen durch den Bau eines Imaging Technology Centers ITC **(#070)** nur am selben Standort denkbar erscheinen. Auch juristisch hat das EMBL als Mitglied eines europäischen Verbundes von sechs Forschungsinstituten eine Sonderstellung. Auf seine Wissenschaftler trifft in besonderem Maße zu, was mehr und mehr zur Normalität in der Wissenschaft wird: Sie verstehen sich als Mitglieder einer internationalen Gemeinschaft, und sie verhalten sich auch so. Sie kommen aus aller Herren Länder, und wenn sie ihren fünf oder bei Senior Wissenschaftlern maximal neun Jahre dauernden Aufenthalt am EMBL absolviert haben, verstreuen sie sich wieder in alle Welt.

Die räumliche, juristische, inhaltliche und alltagsweltliche Abgeschiedenheit eines solchen Wissenschaftsklosters lässt sich durch die IBA nicht aufheben. Das widerspräche auch der Logik experimenteller Wissenschaften. Aber die IBA kann als Brückenbauer zwischen Wissenschaft und Stadtgesellschaft fungieren. Und der Bau des ITC bietet dafür eine Gelegenheit. Das ITC soll zusammen mit einer an die Öffentlichkeit gerichteten Einrichtung gebaut werden, in der die vielfältigen Verbindungen seiner Forschungen in die Medizin und in die Wirtschaft auch Laien verständlich und sinnlich erfahrbar präsentiert werden. Der Öffentlichkeit sollen »Einblicke in die Forschung mit lichtmikroskopischen und elektronenmikroskopischen Großgeräten« ermöglicht werden. Die IBA ist bei der Planung der Erweiterung des Campus' und der öffentlichkeitsbezogenen Aktivitäten beteiligt, eine entsprechende Zielvereinbarung mit dem EMBL ist unterschrieben, die baulichen Maßnahmen haben begonnen. Bei der Schlusspräsentation im Jahr 2022 muss sich zeigen, ob das Projekt dazu beitragen konnte, die wachsende Entfremdung zwischen Wissenschaft und Bevölkerung einzudämmen.

Das Heidelberg Convention Center HCC **(#069, Seite 43)** hat eine lange und konfliktreiche Vorgeschichte. Nachdem die Planung für einen Standort in der Altstadt an der massiven Ablehnung durch die Bürger gescheitert war, bemühte man sich in einem zweiten Anlauf mit vielfältigen Beteiligungsangeboten um Konsens mit der Bürgerschaft. Ein zentrale Rolle spielt dabei der Koordinationsbeirat, in dem die Initiative »Bürger für Heidelberg«, Experten aus dem In- und Ausland, die Universität, die Wirtschaft und die Stadt vertreten sind. Die IBA ist in den laufenden Prozess eingebunden. Ihre Beteiligung hat dem Projekt größere Aufmerksamkeit über Heidelberg hinaus verschafft und die Anforderungen an die Programmatik und die Architektur des HCC erhöht und dazu beigetragen, das Projekt städtebaulich besser einzubinden. Der erste Preis des Architekturwettbewerbs

Walter Siebel | Local Heroes, Global Players

ging an Degelo Architekten aus Basel. Es sieht ein »Kongresszentrum neuen Typs« vor und weckt architektonisch Assoziationen zum Heidelberger Schloss. Zusammen mit seinem Bau wird der südliche Bahnhofsvorplatz umgestaltet, um das HCC besser in die Stadt einzubinden und den Zugang vom Bahnhof aufzuwerten. Mit Räumen für Veranstaltungen mit 30 bis 1800 Personen ist das Zentrum für vielfältige Nutzungen seitens Wissenschaft, Wirtschaft und der Stadtbürgerschaft offen. Auch ein Café ist vorgesehen, ebenso eine Kooperation mit der nebenan gelegenen »halle 02«, in der popkulturelle Veranstaltungen und Ähnliches stattfinden. So soll ein Veranstaltungszentrum geschaffen werden, dessen Programmatik weit über die eines klassischen Kongresszentrums hinausgeht. Es soll eine Adresse für alle Heidelberger entstehen, an der das ganze Spektrum von der Populär- bis zur Hochkultur, von der Präsentation der neuesten Automodelle bis zu hochrangigen Wissenschafts-Kongressen geboten wird. Die IBA und die Stadt sollten alles daran setzen, das HCC nicht nur während, sondern auch mit der Endpräsentation der IBA zu eröffnen.

Das Collegium Academicum CA (**#012,** Seite 45) ist von einem studentischen Verein initiiert worden. Es soll die Tradition jenes Collegium Academicum in Heidelberg wieder aufnehmen, das 1978 geschlossen worden ist. Die daran gebundenen, überaus kontroversen Erinnerungen belasten auch die heutige Initiative. Schon deshalb war die Aufnahme in die IBA eine wichtige Hilfe. Das Projekt vereint eine ganze Reihe anspruchsvoller Ziele: Selbsthilfe beim Bau, Selbstverwaltung, gemeinschaftliches Leben und Lernen von Studenten in unterschiedlichen Lebensformen, Suffizienz durch möglichst viele gemeinschaftliche Nutzungen, ein Propädeuticum für Abiturienten, die ein Jahr lang ein vom CA organisiertes Studium Generale absolvieren, vielfältige Nutzungsmöglichkeiten bis hin zu Räumen für Start-ups und hohe ökologische Standards beim Bau und Betrieb.

Ihre äußerst hohen Ansprüche machen diese Initiative zu einem idealen Partner der IBA, aber zugleich zu einem äußerst prekären. Das Projekt kann an Selbstüberforderung der Initiatoren scheitern und – man möchte sagen: natürlich – an der Finanzierung. So liegt der Anteil der Gemeinschaftsflächen um 365 Quadratmeter über dem, was nach den geltenden Bestimmungen gefördert werden kann. Auch die geplante Holzbauweise bedingt erhebliche Mehrkosten, abgesehen davon, dass Konstruktionsprobleme und solche des Brandschutzes noch Gegenstand von drittmittelfinanzierter Forschung sind.

Das vorgesehene Grundstück eines ehemaligen Militärkrankenhauses ist mittlerweile im Besitz der Stadt, die Verhandlungen mit der Stadt sind auf gutem Weg, der erste Spatenstich ist für August 2019 geplant. Zur Finanzierung fehlen nach dem Stand vom Mai 2019 noch 200.000 Euro an Spenden, dann wären die Voraussetzungen für die Kreditvergabe durch die Banken gegeben. Das ist eine erstaunliche Leistung für eine studentische Initiative. Das Projekt hat sich nach

Wissenschaften

#069 Neues Konferenzzentrum Heidelberg
Heidelberg Convention Center

BEGEGNUNGSORT FÜR DIE WISSENSCHAFTEN

ECKDATEN

▶ **ORT:**
Bahnstadt

▶ **TRÄGER:**
Stadt Heidelberg und
Heidelberg Marketing

▶ **ARCHITEKTUR:**
Degelo Architekten, Basel

▶ **IBA-STATUS:**
IBA_PROJEKT

PROJEKT:
Der architektonisch prägnante Neubau wird als multifunktionaler, zeitgemäßer Tagungsort ausgestattet werden und dazu beitragen, den Wissenschafts- und Wirtschaftsstandort Heidelberg auszubauen. Zudem wird die Bahnstadt einen über die Landesgrenzen hinaus wirkenden Identifikationspunkt bekommen.

DIE PROJEKTTRÄGER:
»Die Wettbewerbsbeiträge haben unsere hohen Anforderungen sehr gut erfüllt. Der erste Preis verfügt über eine sehr große Ausdrucksstärke für Heidelberg und über die Region hinaus. Vom städtebaulichen Konzept bis hin zum Material passt der Entwurf sehr gut in den Stadtteil und in unsere Stadt.«

Wissenschaften
#012 Collegium Academicum
STUDENTISCHES LEBEN UND LERNEN IN HEIDELBERG

PROJEKT:
Das Neue Collegium Academicum vereint selbstverwaltetes Wohnen für etwa 200 Studierende, Bildungsinstitution und kulturelles Zentrum unter einem Dach. Das Bildungskonzept sieht eine Art »Propädeutikum« vor, ein Orientierungsjahr für Abiturienten. Zudem soll projektbasiertes Lernen in der Nachbarschaft, im Stadtteil und in der Stadt angeboten werden – in zwei Bestandsgebäuden und einem Neubau in innovativer modularer Holzbauweise.

DIE PROJEKTTRÄGER:
»Hier sollen kostengünstiges und selbstverwaltetes Wohnen für Studierende mit einem modernen Bildungskonzept und nachhaltiger Perspektive zusammenkommen. Das innovative Konzept, das wir als 20-köpfige ehrenamtliche Projektgruppe seit 2013 bearbeiten, basiert auf den drei Grundpfeilern Selbstverwaltung, Bildung und Suffizienz. Demokratie wird hier erlebbar und der kulturelle und soziale Austausch in einem Bildungskontext gefördert.«

ECKDATEN

▶ **ORT:**
Konversionsfläche Hospital,
Karlsruher Straße
69126 Heidelberg - Rohrbach

▶ **TRÄGER:**
Collegium Academicum GmbH

▶ **ARCHITEKTUR:**
DGJ Architektur, Frankfurt am Main,
mit Pirmin Jung Ingenieure, Sinzig

▶ **IBA-STATUS:**
IBA_PROJEKT

Walter Siebel | Local Heroes, Global Players

den Bestimmungen des Miethäusersyndikats organisiert und wurde in diesen Verein aufgenommen, was die Kreditaufnahme erleichtern soll.

Besonders hervorzuheben ist, dass die Initiatoren bei allem Idealismus auch über eine gute Portion Realismus verfügen. Davon zeugt die geplante hohe bauliche Flexibilität, man könnte auch sagen: die eingebaute Irrtumsfreundlichkeit des Projekts. So kann das Verhältnis von gemeinschaftlichen und Individualflächen leicht geändert werden, auch eine spätere Umnutzung für Familien oder Senioren ist vorgesehen.

Wenn sich ein alter Mann das Projekt ansieht, kann er sich angesichts des Muts und der Offenheit der Jugend, die so vieles für möglich hält, eines leisen Neidgefühls nicht erwehren. Aber es packt ihn auch die Besorgnis, dass das Projekt an eben diesem jugendlichen Überschwang scheitern könnte. Diese Besorgnis wird etwas gemildert durch die Beteiligung der IBA und durch die hohe eingebaute Flexibilität. Für einen alten Mann ist es doch eine Beruhigung, wenn die Jugend ihre Projekte so anlegt, dass sie im Fall des Scheiterns in Seniorenheime umgebaut werden können.

WISSENSCHAFT, KUNST UND GESELLSCHAFT

28.000 Kunstwerke, deren Autoren sich vorübergehend oder länger in psychotherapeutischer oder psychiatrischer Behandlung befunden haben: Sie bilden die international anerkannte Sammlung Museum Prinzhorn (**#036, Seite 46**).

Die Sammlung wurde 1910 begonnen, das Museum ist weltweit das einzige seiner Art. Heute dämpfen Psychopharmaka die Dynamik psychischer Erkrankungen und damit auch den Drang, das Leiden auszudrücken, sodass in Zukunft weniger Werke dieser Art zu erwarten sind. Die Sammlung würde endgültig zum Museum.

Das Museum Prinzhorn ist in einem kleineren Gebäude des ehemaligen Klinikums im Campus Bergheim untergebracht. Das Museumscafé ist bereits mithilfe der IBA so gestaltet worden, dass es als Übergang zwischen dem Museum und dem Stadtteil fungieren kann. Durch den Umbau eines benachbarten Klinikgebäudes soll die verfügbare Fläche verdoppelt werden. Die Erweiterung wird es dem Museum ermöglichen, seine Sammlung in Dauerausstellungen der Öffentlichkeit zugänglich zu machen und durch die Einrichtung eines Graphikkabinetts und von Arbeitsräumen für Gastwissenschaftler die Bedingungen für eine systematische wissenschaftliche Erschließung der Bestände erheblich zu verbessern. All das sind Voraussetzungen für die stärkere Einbindung des Museums in die Stadtöffentlichkeit. Das ist aus vielen Gründen wünschenswert.

Das Museum provoziert Fragen nach den Grenzen zwischen dem, was in der Gesellschaft als normal und gesund gilt, und dem Nicht-Normalen und Kranken. Das Wissen darum, wie fließend diese Grenze ist, kann zutiefst beunruhigen.

Wissenschaften
#036 Erweiterung des Museums Sammlung Prinzhorn

SCHAUFENSTER FÜR EINE AUSSERGEWÖHNLICHE KUNSTSAMMLUNG

PROJEKT:

In der Sammlung Prinzhorn befinden sich Werke von Menschen mit psychischen Ausnahmeerfahrungen. 2001 bekam die Sammlung ein eigenes Museum – ein umgebautes Hörsaalgebäude auf dem Gelände der Psychiatrie in Bergheim. Nun soll ein angrenzendes Bestandsgebäude umgebaut werden, um den Sammlungsbestand einer auch internationalen Öffentlichkeit zu zeigen. Es wird Platz für eine Dauerausstellung, ein Depot sowie Raum für Veranstaltungen geschaffen. Das Museum möchte so seine Funktion als Wissensplattform stärken und seine Werke zugänglicher machen.

DIE PROJEKTTRÄGER:

»Für Künstler ist die Sammlung Prinzhorn von jeher ein unerschöpflicher, ausdrucksstarker Fundus. Sie gibt Einblicke in fantastische Innenwelten, die uns alle aufrühren, und deren hohe gesellschaftliche Relevanz viel zu lange von der Öffentlichkeit vernachlässigt wurde. (Johann Kresnik, Beirat Verein Freunde der Sammlung Prinzhorn)«

ECKDATEN

▶ **ORT:**
Voßstraße 2
69115 Heidelberg - Bergheim

▶ **TRÄGER:**
Universitätsklinikum Heidelberg und Freunde der Sammlung Prinzhorn e.V.

▶ **IBA-STATUS:**
IBA_PROJEKT

Walter Siebel | Local Heroes, global Players

In Bezug auf psychische Erkrankungen dominiert deshalb allzuoft der Wunsch nach eindeutiger Grenzziehung. Anders als körperlich Kranke werden »Geisteskranke« nicht nur als Kranke wahrgenommen, deren Leiden Mitgefühl und Fürsorge hervorrufen, sondern auch als Inbegriff des Fremden und Unverständlichen, auf das mit Distanz bis hin zur Ausgrenzung reagiert wird. Die Auseinandersetzung mit der Kunst der Geisteskranken kann dazu beitragen, die Selbstverständlichkeit dieser Grenzziehung infrage zu stellen und so die Distanz in der Gesellschaft gegenüber den psychisch Kranken etwas abzubauen.

Auch die Grenze zwischen Kunst und Nicht-Kunst ist fließend. Der Bestand der Sammlung beruht auf der Etikettierung der Autoren als psychisch krank. Aber dem Betrachter drängt sich die Frage auf, wo denn die Grenze zwischen den hier ausgestellten Werken und vermeintlich normaler Kunst liegt. Der Punkt ist schwer zu bestimmen, wo die göttliche Gabe, »zu sagen was ich leide« (Goethe), zum Zwang wird, der die Fähigkeit, sein Leiden auszudrücken, überwältigt. Die Frage danach anhand der Sammlung Prinzhorn zu stellen, ist eine hoch ambivalente Provokation. Die Nationalsozialisten haben diese Frage polemisch genutzt, indem sie in der Ausstellung »Entartete Kunst« Werke der Moderne neben solche aus der Sammlung Prinzhorn hängten, um die moderne Kunst als ununterscheidbar von den Werken der »Verrückten« zu desavouieren. Andererseits haben gerade moderne Künstler die Grenze zwischen Kunst und Nicht-Kunst immer wieder thematisiert. Jean Dubuffet und andere haben sich für die Sammlung interessiert, um die Grenzen künstlerischer Ausdrucksmöglichkeiten zu erweitern. Wie in den Werken der »Wilden« suchten sie auch in den Werken der von der Gesellschaft als krank definierten Künstler nach ursprünglichen Ausdrucksformen jenseits aller zivilisatorischen Zurichtungen. Oder sie haben versucht, sich mittels Drogen selber in einen Ausnahmezustand zu versetzen, der ihnen wie den psychisch Kranken neue Erfahrungen jenseits der Normalität erlauben sollte.

Die Sammlung Prinzhorn ist eine produktive Zumutung, und die IBA kann Wesentliches dazu beitragen, dass die Stadtgesellschaft sich diesen Zumutungen stellt. Die Sammlung vermittelt Erfahrungen, die die Grenzziehungen zwischen Normalität und abweichendem Verhalten, zwischen Gesundheit und Krankheit oder zwischen Kunst und Nicht-Kunst infrage stellen. Es sind ähnliche Erfahrungen, wie sie in der modernen Großstadt alltäglich sind.

Der öffentliche Raum der Stadt ist ein Raum ständiger Begegnung mit dem Fremden. Auch das ist eine Zumutung, die die eigene Identität und die eigenen Selbstverständlichkeiten infrage stellen kann. Und die Reaktionen darauf können ähnlich ambivalent wie die gegenüber psychischer Krankheit sein: aggressive Abgrenzung oder kritische Selbstreflexion auf das scheinbar Selbstverständliche und Normale. Die Sammlung Prinzhorn ist ein exemplarisches Modell für die Thematik der IBA, nämlich das Verhältnis von Wissen und Stadt in all seinen Ambivalenzen auszuloten.

Reminiszenz | Anne Richter

Rohrbach ohne Schuster

ROHRBACH

Am Anfang war es wohl Zufall, später eine eigene Wahl, im südlichen Stadtteil Rohrbach zu wohnen, in dem Städtisches und Dörfliches so nah beieinander liegen, dass sie sich nicht nur gegenseitig ergänzen, sondern mitunter sogar durchdringen. Als ich 2003 hierher zog, entdeckte ich auf meinem häufigen Weg ins Stadtzentrum bald die langen Reihen von Kasernen, die sich zu beiden Seiten der Römerstraße erstreckten und mich unwillkürlich an den Ausblick auf das Armeegelände der sowjetischen Soldaten erinnerten, der meine Kindheit im thüringischen Jena begleitet hatte.

Nach dem Abzug der Soldaten hatte das Gelände gleichermaßen etwas Trostloses wie Hoffnungsvolles ausgestrahlt: Wie würde man das Terrain, das aus leeren und halb zerstörten Gebäuden bestand und mittlerweile zu einem zweifelhaften Symbol der »Verteidigung gegen den imperialistischen Feind« geworden war, in Zukunft nutzen?

Hier, in der Heidelberger Südstadt, fragte ich mich nun, warum die amerikanischen Soldaten nach dem Ende des Kalten Krieges noch immer blieben. Gewiss hatten sie (und ihre Familien) in Heidelberg eine zweite Heimat gefunden. Sie trugen wirtschaftlich zu verschiedenen Einnahmen bei, und ein Umzug würde – zumindest vorläufig – eine finanzielle Belastung für die Stadt darstellen, aber welche politische Notwendigkeit gab es tatsächlich noch? Zudem war immer wieder von der Fragwürdigkeit der unter anderem von diesen Truppen im sogenannten Anti-Terror-Kampf angewandten Methoden zu lesen. Und würde man die entstehenden Konversionsflächen nicht gut für in Heidelberg fehlenden preiswerten Wohnraum verwenden können?

Inzwischen ist in Wiesbaden ein millionenteures neues Kommandozentrum entstanden, wohin mehr Soldaten zogen als in die USA zurückkehrten, und für die Nutzung der Konversionsflächen gibt es unzählige konkrete Pläne. Der ANDERE PARK ist in meinen Augen ein sehr schönes Projekt, vermisse ich doch seit langem schon einen weitläufigen Park in Fußnähe, und die räumliche Ver-

OHNE SCHUSTER

bindung mit Kulturstätten wie etwa dem Karlstorbahnhof gibt den Heidelbergern die Möglichkeit, unmittelbar nach einem Kinobesuch oder Konzert zu verweilen, um bei einem Spaziergang oder auf einer Bank sitzend über das soeben Erlebte nachzudenken und sich darüber auszutauschen.

Für den Bau eines weiteren großen Supermarktes in direkter Nachbarschaft zu Aldi, Lidl, Penny und Rewe spricht jedoch einzig und allein, dass dieser das Alltagsleben der Senioren erleichtern könnte, die einst in der angrenzenden Pflegeeinrichtung wohnen werden. An Einkaufsmöglichkeiten mangelt es im Süden Heidelbergs wahrhaftig nicht, eher ist zu bedauern, dass in der Rathausstraße kein erfahrener Schuster mehr sein Handwerk ausübt.

Wenn ich an früheren Sommerabenden, aus dem Wald oder von den Weinhängen kommend, nach einem langen Blick auf die Stadt die Anhöhe hinabstieg und über den Rohrbacher Marktplatz lief, fiel mir vor allem die scheinbar endlose bunte Schlange vor dem zu Recht sehr beliebten Eisladen auf. Heute treffe ich mich abends zuweilen mit Freunden in einem der neuen Cafés, die dem Viertel die Lebendigkeit einer italienischen Piazza verleihen.

Das eindrücklichste Erlebnis im vergangenen Rohrbacher Sommer aber war der blassrote Mond, den man vom Feldrand an der Leimer Straße aus über schwarzen Baumwipfeln emporsteigen, hinter Wolken verschwinden und erneut auftauchen sah, der ab und an seine Konturen änderte und den man länger als eine Stunde beobachten konnte, auch weil dort kein hohes Gebäude und keine Kasernen die Sicht verstellten oder dadurch behinderten, dass sie künstliches Licht warfen.

Anne Richter (*1973), in Jena aufgewachsen. Nach dem Abitur in Marseille Studium der Romanistik und Anglistik in Jena, Oxford und Bologna. Seit 2003 als Autorin und Lehrerin für Deutsch als Fremdsprache in Heidelberg.

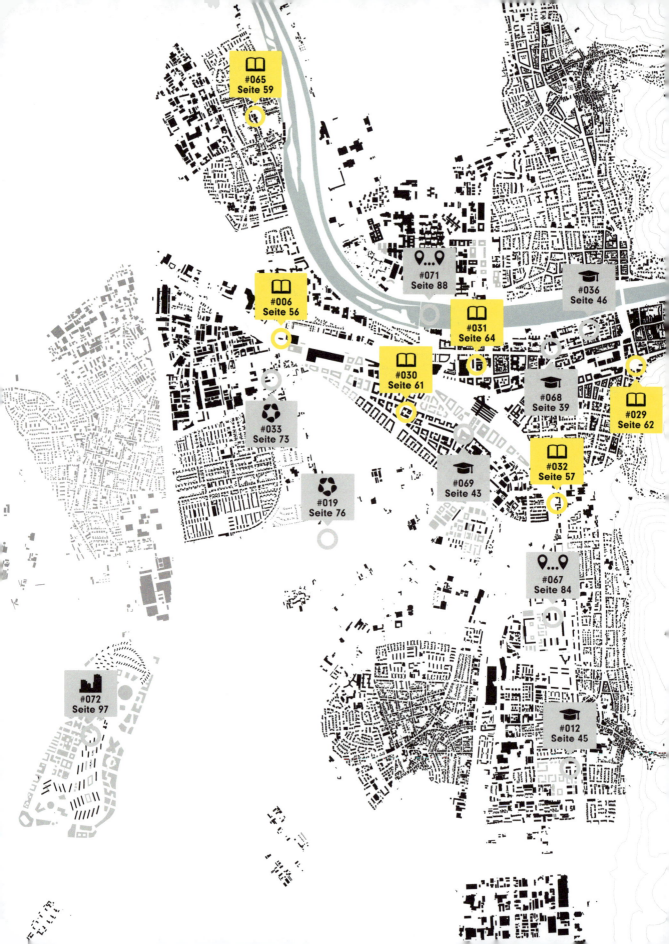

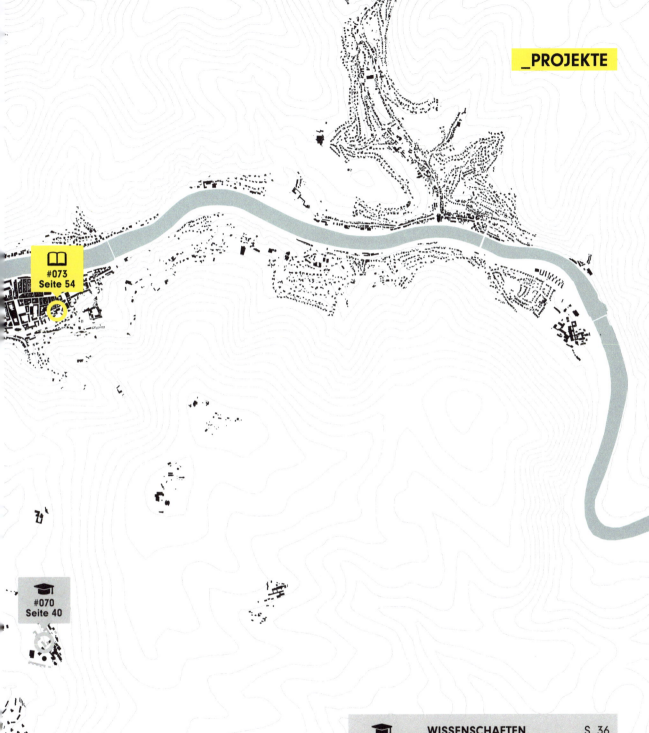

_PROJEKTE

🎓	_WISSENSCHAFTEN	_S. 36
📖	_LERNRÄUME	_S. 50
♻	_STOFFKREISLÄUFE	_S. 68
📍…📍	_VERNETZUNGEN	_S. 80
🏰	_PATRICK HENRY VILLAGE	_S. 92

Barbara Pampe

Wissen baut auf Vielfalt
Die Lernraumprojekte der IBA Heidelberg

Der Bildungsbau als räumlicher Rahmen der Bildung erlebt wie der globale Hype um »Wissenskultur« gerade einen deutlichen Aufwind. Der immense Bedarf an zusätzlichem Schulraum in den Metropolregionen sorgt dafür, dass Schulen jetzt verstärkt neu geplant und gebaut werden – aber nicht als Business as usual.

Die Aufgaben im Bildungsbau sind vielfältig. Der jahrelang angestiegene Sanierungsbedarf von Schulgebäuden gehört ebenso dazu wie neue pädagogische und gesellschaftliche Themen: Inklusion ⚹, Ganztagsbetreuung, Digitalisierung, Profilbildung von Schulen, Quartiersöffnung sowie ein Paradigmenwechsel in der Pädagogik. Vorgaben und Raumprogramme, die als Grundlage für die Schulplanung existieren, gilt es zu hinterfragen, zu überarbeiten und in ihrer Struktur neu zu durchdenken. Auch die Prozesse müssen neu konzipiert werden: Die Schulgemeinschaft ist zu beteiligen, verschiedene Ämter der kommunalen Verwaltungen (Stadtplanung, Denkmalschutz, Bauaufsicht, Jugendamt und andere) sind projektspezifisch einzubeziehen – genauso wie die Bildungseinrichtungen im Stadtteil und die Politik. »Die IBA hat die Aufgabe, hier richtungsweisende Projekte einer zukünftigen Praxis auf den Weg zu bringen, die über klassische Bildungskonzepte hinausgehen«.[1] Konkretes Ziel der IBA Heidelberg ist es nun, Orte zu finden und zu qualifizieren, die die Verknüpfung von Stadt und Wissen[2] beispielhaft räumlich abbilden.

LEBENSLANGES LERNEN IN DER STADT

Auch die Orte der nonformalen und informellen Bildung sind dabei zu identifizieren und zu qualifizieren. Laut Definition der EU[3] bezeichnet informelles Lernen das Lernen im Alltag. Es ist in Bezug auf Lernziele, Lernzeit und Lernförderung unstrukturiert und meist nichtintentional – kann aber siebzig bis achtzig Prozent des menschlichen Wissenserwerbs ausmachen.[4] Nonformales Lernen findet nicht in Bildungseinrichtungen statt, es ist weder zielgerichtet, noch systematisch

---

1) Michael Braum, Undine Giseke, in: Die Wissensstadt von morgen. IBA_LOGbuch Nº 1, Zürich 2017, Seite 8

2) Zu den Megatrends der Wissenskultur siehe: https://www.zukunftsinstitut.de/

3) Mitteilung der Kommission der Europäischen Gemeinschaft: Einen europäischen Raum des lebenslangen Lernens schaffen, Brüssel 2001, Seite 33 ff.

4) Karlheinz Imhäuser: Wissen in der offenen Gesellschaft. Die Ressource der Zukunft und ihre Verortung in Städten und Gemeinden. In: Die Wissensstadt von morgen, s. Anm. 2), Seite 62 ff.

Lernräume
#037 Teilseiend
INITIATIVE HEIDELBERGER MUSLIME

ECKDATEN

▶ **ORT:**
noch nicht verortet

▶ **TRÄGER:**
Teilseiend e. V.

▶ **IBA-STATUS:**
IBA_KANDIDAT

PROJEKT:
Muslimisches Leben in Heidelberg soll sichtbar werden. Mit einem spezifischen Ort der Begegnung und des Austauschs rund um eine Muslimische Akademie Heidelberg sollen der innerislamische und interreligiöse Dialog gefördert werden. Außerdem soll Raum für eine muslimische Zivilgesellschaft geschaffen werden.

DIE PROJEKTTRÄGER:
»Wie soll unsere gemeinsame Zukunft aussehen? Wir als Heidelberger Muslime wollen die Antwort auf diese Frage mitgestalten. Wir wollen Impulse dafür setzen, dass Muslime selbstverständlicher Teil des zivilgesellschaftlichen Miteinanders werden und entsprechend sowohl in Verantwortung genommen werden als auch sich selbst als verantwortlich wahrnehmen.«

Lernräume

#073 Dokumentations- und Kulturzentrum Deutscher Sinti & Roma

NEUKONZIPIERUNG DER STÄNDIGEN AUSSTELLUNG UND (TEIL-)NEUBAU IN DER HEIDELBERGER ALTSTADT

PROJEKT:

Eine Neukonzeption des Dokumentations- und Kulturzentrums Deutscher Sinti und Roma in der Altstadt soll ihrem Emanzipationsprozess entsprechen. Als Ort des kulturellen, dynamischen Ideenaustausches sollen Generationen vernetzt, die überregionalen Kooperationen ausgebaut sowie und die internationale Bedeutung und Verantwortung des Zentrums auch architektonisch akzentuiert werden.

DIE PROJEKTTRÄGER:

»Trotz ihrer 600-jährigen Kulturgeschichte in Europa verfügt die nationale Minderheit der Sinti und Roma in Deutschland bislang über keinen historisch signifikanten Bau, der ihren kulturpolitischen Leistungen Rechnung trägt und bleibende Spuren im Stadtbild hinterlässt. Ein moderner Neubau in der Altstadt könnte dem neuen Selbstbewusstsein der deutschen Sinti und Roma über die Stadtgrenze hinweg Ausdruck verleihen und sie in der Stadtgesellschaft als handelndes, kulturpolitisches Subjekt verankern.

Mit dem Neubau des Dokumentationszentrums Deutscher Sinti & Roma inmitten der Altstadt besteht für Heidelberg die einmalige Chance, zu einem Vorreiter der Wissensproduktion und Kulturvermittlung der Geschichte und Gegenwart der größten in Europa beheimateten Minderheit zu werden.«

ECKDATEN

▶ **ORT:**
Bremeneckgasse 2
69117 Heidelberg

▶ **TRÄGER:**
Dokumentations- und Kulturzentrum Deutscher Sinti und Roma e.V.

▶ **IBA-STATUS:**
IBA_KANDIDAT

bezogen auf Lernziel, Lerndauer und Lernmittel. Hinzu kommt, dass Wissen durch die Digitalisierung zum Allgemeingut und zumindest theoretisch von überall für jeden abrufbar wird. Der globale Informationsstand ist deshalb so hoch wie nie. Der Schwerpunkt der Bildung liegt auf lebenslangem Lernen, dem Umgang mit Wissen sowie der Vermittlung von sozialen und emotionalen Fähigkeiten. Damit erweitert sich auch der Lernraum: Bildung ist nicht nur verortet in den klassischen Bildungshäusern wie (Hoch-) Schulen, sondern auch im öffentlichen Raum (innen und außen) und in neu definierten Gebäuden mit vielfältigen Funktionen.

Die Vielfalt der IBA-Projekte und IBA-Kandidaten spiegelt diese unterschiedlichen Orte des Lernens wider: von Begegnungs- und Austauschorten im öffentlichen Raum über einen Bildungskomplex mit verschiedenen Bildungseinrichtungen, eine Werkstattschule, eine traditionsreiche Jugendeinrichtung, eine neue Typologie von interkulturellem Zentrum bis hin zu einem digital entworfenen Veranstaltungspavillon. In der Schlussphase der IBA muss vor allem die bauliche Umsetzung begleitet und unterstützt werden. Chancen für Innovation, für das »Anders-und-besser-Machen« müssen genutzt und die Qualität muss bis zur Umsetzung eingefordert werden.

KULTURELLE UND SOZIALE VIELFALT

In Heidelberg soll eine islamische Akademie entstehen, die muslimisches Leben in Heidelberg sichtbar werden lässt, wofür sich der Verein Teilseiend (**#037**, Seite 53) stark macht. Unterschiedliche Ebenen, Glaube, Wissenschaft und Zivilgesellschaft ⬧ sollen sich hier begegnen und austauschen. Es soll ein Wissens- und Erfahrungstransfer gelingen, der Religiöses mit Säkularem verschränkt. Mit unterschiedlichen Kommunikationsformaten – Stadtspaziergänge, Ferienangebote für Jugendliche und Kinder, jüdisch-muslimische Kulturtage, Diskussionsrunden und vielem mehr – bringt die Initiative seit 2014 unterschiedliche gesellschaftliche Gruppen ins Gespräch. Bis zum Ende der IBA muss die Professionalisierung der Institution fortgesetzt, ein Standort in der Stadt gefunden, ein Raumprogramm entwickelt sowie ein architektonisches Bild für eine Islamische Akademie, einen Ort der Begegnung und des Austauschs, generiert werden.

Einen ähnlichen Ansatz verfolgt das Dokumentations- und Kulturzentrum Deutscher Sinti & Roma (**#073**). Allerdings ist es eine etablierte Institution, die sich baulich und inhaltlich erweitern und erneuern will – als kulturelle, wissenschaftliche und pädagogische Einrichtung, die sich der Altstadt und den Besuchern Heidelbergs gegenüber öffnen und auch einen Blick auf den Beitrag der größten Minderheit Deutschlands werfen möchte. Im Endspurt kommt es darauf an, das Programm zu erweitern und zu spezifizieren, die internationale Sichtbarkeit auszubauen und dem Dokumentationszentrum über einen Architekturwettbewerb ein Haus zu geben, das die Arbeit des Zentrums in der Altstadt in Erscheinung treten lässt.

JUGEND BRAUCHT ZUWENDUNG

Auch die Werkstattschule exPRO 3 (**#006**, Seite 56) will den Bezug zum umgebenden Stadtraum entwickeln. Es ist eine besondere Art von Schule, die außerschulische, praktische, handwerkliche Projekte für Jugendliche anbietet. Dieser Verein hat sein Zuhause in einem alten Bahnbetriebswerk, das an der Schnittstelle zu drei Stadtteilen liegt. Das denkmalgeschützte Gebäude wird bis Sommer 2019 saniert und erweitert und stellt dann adäquate Räumlichkeiten und Werkstätten für ein anderes und handwerksbezogenes Lernen zur Verfügung. Das geplante Café wird als verbindendes Element zu den Stadtteilen wirken und die Schule nach außen sichtbar machen. Im weiteren Prozess muss die Außenraumgestaltung, zu der es schon erste Workshops gab, neben der logistischen Funktion als gleichwertige pädagogische Fläche einbezogen werden.

Lernräume
#006 exPRO 3
BILDUNG, LERNEN UND ARBEITEN IN ZWISCHENRÄUMEN

PROJEKT:
Abseits des regulären Schulbetriebs werden in einem denkmalgeschützten Industriegebäude durch handwerkliche und künstlerische Projekte neue Formen der Inklusion ermöglicht. exPRO 3 fördert Jugendliche unterschiedlicher sozialer und schulischer Milieus. Die Wissensvermittlung wird dabei um die kreative und praktische Dimension des Handwerks ergänzt.

DIE PROJEKTTRÄGER:
»Handwerkliche Bildung stellt einen nicht zu unterschätzenden Baustein der Wissensgesellschaft dar – Wissen ist nicht nur Information, sondern auch Erfahrung. Die Arbeit unseres Vereins WERKstattSCHULE und der prozesshafte Ansatz bei der Erweiterung der Räume sind hierfür beispielhaft.«

ECKDATEN
▶ **ORT:**
Am Bahnbetriebswerk 3
69115 Heidelberg
▶ **TRÄGER:**
WERKstattSCHULE e. V.
▶ **ARCHITEKTUR:**
Barthels Architektur, Mannheim
▶ **LANDSCHAFTSARCHITEKTUR:**
TH Treibhaus, Hamburg
▶ **IBA-STATUS:**
IBA_PROJEKT

Lernräume

#032 Haus der Jugend
NEUBAU FÜR JUNGE MENSCHEN AUS ALLEN STADTTEILEN UND MILIEUS

ECKDATEN

▶ **ORT:**
Römerstraße 87
69115 Heidelberg

▶ **TRÄGER:**
Stadt Heidelberg, Jugendamt

▶ **ARCHITEKTUR:**
Murr Architekten, Dießen, mit L+P Landschaftsarchitekten, München

▶ **IBA-STATUS:**
IBA_PROJEKT

PROJEKT:

Das Haus der Jugend bekommt einen Neubau, der als öffentlicher Ort Stadtteil- und Bildungsgrenzen überwindet. In einem aufwändigen und experimentellen Prozess der Jugendbeteiligung konnte das Raumprogramm für den Wettbewerb abgestimmt werden: Hier entstehen multifunktionale Räume, Freiflächen mit Ausstrahlung für die Heidelberger Lernraum-Landschaft.

DIE PROJEKTTRÄGER:

»Das Leben von Kindern, Jugendlichen und jungen Erwachsenen spielt sich nicht nur in Schule und Elternhaus ab. Die freie Zeit und die Freizeitgestaltung nehmen einen wichtigen Raum ein. Jungen Menschen den Freiraum geben, weitgehend selbstbestimmt in der Gemeinschaft aktiv zu werden, ist eine Hauptaufgabe unserer offenen Jugendarbeit.«

Jeder Projektraum im neuen Haus der Jugend hat einen eigenständigen Charakter, der von außen ablesbar ist.

Ein weiteres IBA-Lernraumprojekt im Bereich der nonformalen Bildung ist das Haus der Jugend (**#032,** Seite 57), die größte und älteste Jugendeinrichtung in Heidelberg. Sie bietet seit den 1960er Jahren ein vielfältiges Freizeitangebot für Kinder und Jugendliche an. Das Haus hat sich mit den Bedarfen ⬩ und Moden mitverändert und benötigt nun eine bauliche Erneuerung. Über einen offenen Architekturwettbewerb mit einem aufwändigen Jugendbeteiligungsverfahren konnte ein Architekt gefunden werden, der ein neues Bild für das Haus entwickelte. Die Erfahrung der jahrelangen Nutzung und die Jugendbeteiligung im Vorfeld und während des Wettbewerbs haben gezeigt, dass diese Einrichtung vor allem einen großen Möglichkeitsraum ⬩ zur Gestaltung durch die Jugendlichen bieten muss. Das zukünftige Gebäude wird dem Wunsch der Jugendlichen Rechnung tragen und eine Vielzahl von unterschiedlichen Räumen mit unterschiedlichen Atmosphären und Nutzungsmöglichkeiten bieten, die auch in der Fassade ablesbar werden. Zugleich soll eine große Flexibilität für zukünftige Entwicklungen und veränderte Vorstellungen geboten werden. Das neue Haus der Jugend wird sich zu allen Seiten zu dem umgebenden Schulareal öffnen und Teil eines Bildungscampus' werden, der im Weiteren programmatisch und innen- und außenräumlich entwickelt werden soll.[5]

Einen besonderen Lernraum innerhalb der formalen Bildung entsteht an der Elisabeth-von-Thadden-Schule (**#065**). Das evangelische Gymnasium hat im Zuge der Umstellung auf G8 vor einigen Jahren ein neues pädagogisches Konzept für die Mittelstufe entwickelt, das als IBA-Projekt auch räumlich seine Entsprechung im Zuge des Neubaus der Sporthalle erhalten soll. Durch die Schwerpunktsetzung auf eigenverantwortliches Lernen, Lehrerteamarbeit, Projektarbeit und Schüler-

---

5) Montag Stiftung Jugend und Gesellschaft (Hrsg.): Bildungsband Osdorfer Born. Die Bildungslandschaft Osdorf / Lurup finden und entwerfen. Bonn 2017

Lernräume
#065 Bewegen und Lernen
NEUBAU AN DER ELISABETH-VON-THADDEN-SCHULE

ECKDATEN

▶ **ORT:**
Klostergasse 2-4,
69123 Wieblingen

▶ **TRÄGER:**
Elisabeth-von-Thadden-Schule,
Heidelberg

▶ **ARCHITEKTUR:**
ARGE Cityförster, Hamburg, und ap88,
Heidelberg

▶ **IBA-STATUS:**
IBA_PROJEKT

PROJEKT:
Eine Sporthalle zu bauen wurde als Chance begriffen, dem Ensemble auch zukunftsweisende Lernräume für das innovative pädagogische Mittelstufenkonzept hinzuzufügen. Mit der IBA arbeitet das traditionsreiche Gymnasium an einer anspruchsvollen Architektur für einen Lernort, der sich dem Stadtteil öffnet.

DIE PROJEKTTRÄGER:
»Das pädagogische Konzept, das vor Jahren mit freiwilligen Pilotklassen ein neuartiges Lernkonzept für die Mittelstufe angestoßen hat, entfaltet mit dem Neubau seine Wirkkraft. Das Thadden-Gymnasium wird zum experimentellen und gestalterisch anspruchsvollen Ort, der den den ganzen Stadtteil bereichert.«

Coaching werden veränderte Anforderungen an die Lernräume gestellt. Transparenz, Nutzungsüberlagerung und Nutzungsvielfalt sind die räumlichen Kriterien, die nun bei der Planung des Erweiterungsgebäudes eine Rolle spielen. Um das richtige Architekturbüro zu finden, das das pädagogische Konzept idealerweise in Räume übersetzt, führte die Schule ein dialogisches internationales Workshopverfahren durch. Es konnte ein Büro gefunden werden, das nicht nur den besten Entwurf entwickelt hat, sondern auch die pädagogischen Belange der Schule versteht und die Offenheit besitzt, im Dialog mit der Schulgemeinschaft den Entwurf weiterzuentwickeln. Die Entwurfsplanung wird im Sommer 2019 abgeschlossen, im Sommer 2021 sollen die neuen Räumlichkeiten bezogen werden. Bis dahin gilt es, mit Unterstützung der IBA die Idee der geplanten Öffnung der Schule zum Stadtteil weiterzuverfolgen und zu konkretisieren.

ÖFFNUNG DER INSTITUTIONEN

Eine bauliche Verbindung zwischen formaler und nonformaler Bildung bietet das Projekt B³ Am Gadamerplatz (**#030**). Es vereint eine inklusive Kindertagesstätte, eine inklusive ganztägige Grundschule, eine Sporthalle und ein Bürgerhaus baulich in einem Komplex. Das Bürgerhaus bietet neben einem großen Veranstaltungssaal für Konzerte, Theater, Vorträge und Ähnlichem auch Mehrzweckräume, die von Bürgern aus dem Stadtteil und auch Externen gemietet werden können, aber auch der Kita und der Schule zur Verfügung stehen.

Die vier Einrichtungen sind zwar in eigenen Räumlichkeiten untergebracht, tragen jedoch zur Verbindung und damit wechselseitigen Nutzung der insgesamt zur Verfügung gestellten Flächen bei. Hier wird darauf zu achten sein, Neues in der Kooperation zwischen den Einrichtungen zu testen, diese weiterzuentwickeln

Vor B³ hat sich auf dem Gadamer Platz mittlerweile ein Wochenmarkt etabliert.
Im Bild links das Bürgerhaus mit Café und rechts die Sporthalle.

Lernräume
#030 B³ Gadamerplatz
BILDUNG, BETREUUNG, BEGEGNUNG

ECKDATEN

▶ **ORT:**
Gadamerplatz 3
69115 Heidelberg

▶ **TRÄGER:**
Stadt Heidelberg, Jugendamt, Schulamt, Sozialamt sowie Bau- und Servicegesellschaft mbH Heidelberg

▶ **ARCHITEKTUR:**
Datscha Architekten, Stuttgart, mit KUULA Landschaftsarchitekten, Berlin

▶ **IBA-STATUS:**
IBA_PROJEKT

PROJEKT:
Architektonisch und inhaltlich anspruchsvoll sind eine Kindertagesstätte, eine Grundschule mit Sporthalle und ein Bürgerhaus als Einheit entworfen und damit die baulichen Voraussetzungen für Kooperationen und Miteinander im Zentrum der neuen Bahnstadt geschaffen. Das vom Stadtteilverein verantwortete Bürgerhaus bietet Aktivitäten für jedes Alter. Das Gebäudeensemble schafft einen identitätsstiftenden Begegnungsort.

DIE PROJEKTTRÄGER:
»Eine zukunftsfähige Stadt des Wissens braucht Orte, an denen lebenslanges Lernen und der Austausch unter verschiedenen Milieus stattfinden kann. Das B3 dient als solcher Ort und schafft ein Umfeld zur individuellen Entfaltung und Teilnahme für jede Altersgruppe.«

Lernräume

#029 Forum Adenauer Platz

INTERNATIONALER AUSTAUSCH

PROJEKT:
Das DAI ist seit seiner Gründung 1946 (als Amerika-Haus) ein Raum für Experimente gewesen. Gemeinsam mit der IBA möchte das DAI nun den Adenauerplatz in Bergheim beleben. Mit dem Forum Adenauerplatz entsteht ein identitätsstiftender, öffentlicher Raum, der das Kulturangebot der Stadt erweitert.

DIE PROJEKTTRÄGER:
»Das DAI will einen der schönsten Plätze Heidelbergs nicht nur wachküssen, sondern die Stadt räumlich und funktional bereichern. Das Forum Adenauerplatz soll vermitteln zwischen der alteingesessenen Altstadt und der sich nach Westen hin neu orientierenden Stadt, es soll Heidelberg und seinen Anspruch Wissen | schafft | Stadt auf den Punkt bringen.«

ECKDATEN

▶ **ORT:**
Adenauerplatz
69115 Heidelberg

▶ **TRÄGER:**
Deutsch Amerikanisches Institut
Heidelberg (DAI)

▶ **ARCHITEKTUR:**
SSV Architekten, Heidelberg, mit
Institute for Computational Design and
Construction, Universität Stuttgart

▶ **IBA-STATUS:**
IBA_KANDIDAT

und zu verfestigen. Damit würde das Potenzial der baulichen Vereinigung auch inhaltlich langfristig genutzt werden können. Mit der IBA bietet sich die große Chance, die Zusammenarbeit zu beobachten, zu evaluieren sowie die Erfahrungen und das Projekt im überregionalen und internationalen Raum sichtbar zu machen.

Auch das Forum Adenauerplatz **(#029)** des Deutsch-Amerikanischen Instituts (DAI) ist an der Schnittstelle zwischen informeller, nonformaler und formaler Bildung angesiedelt sowie öffentlichkeitswirksam konzipiert. Es bietet Raum für Veranstaltungen, Vorträge, Diskussionsrunden, für die es in Heidelberg einen großen Bedarf gibt. Der Standort, eine Verkehrsinsel, bildet für die zukünftigen Entwicklungen einen idealen Ort, der an der Schnittstelle von historischer Altstadt und der sich nach Süden hin neu orientierenden Stadt liegt.

Mithilfe von digitalen Entwurfsmethoden hat das »Institute for Computational Design and Construction« von Achim Menges der Universität Stuttgart gemeinsam mit SSV Architekten einen Pavillon aus Restholzstäben heimischer Hölzer entworfen. Die Konstruktion ist Teil der Forschung des Instituts zum Thema »Holzbau der Zukunft« durch Nutzung von digitalen Planungs- und Herstellungstechnologien und ist Ergebnis von computerbasierten Entwurfs- und Herstellungsprozessen, die die Architektur in Zukunft prägen werden.

Im Vordergrund steht nicht die Vollautomatisierung von Prozessen und Abläufen, sondern die Kombination aus den Stärken der Robotik und des Handwerks. Die bisherige Verkehrsinsel wandelt sich damit zu einem attraktiven Ort für neue Austauschformen und -möglichkeiten ganz im Sinne des Mottos der IBA.

Rendering zur innenräumlichen Wirkung des Forums am Adenauerplatz

Lernräume
#031 International Welcome Center
WILLKOMMENSKULTUR IN HEIDELBERG

PROJEKT:
Den Grundstein für eine neue Willkommenskultur in Heidelberg bildet ein gemeinsames Haus des Interkulturellen Zentrums und der Heidelberger Ausländerbehörde. Es verbindet Verwaltungs- und Service-Orte mit einer interkulturellen Begegnungsstätte, die gemeinsam mit der IBA zu einem Leuchtturmprojekt über Bergheim hinaus weiterentwickelt werden soll.

DIE PROJEKTTRÄGER:
»Mit dem International Welcome Center bilden wir eine zentrale Stätte für die Willkommens- und Anerkennungskultur der Stadt. Als Ort der Begegnung können hier Menschen mit und ohne Migrationsgeschichte jenseits von Vorurteilen in interkulturellen Austausch treten.«

ECKDATEN

▶ **ORT:**
Bergheimer Straße 147
60115 Heidelberg

▶ **TRÄGER:**
Stadt Heidelberg, Bürgeramt und Interkulturelles Zentrum

▶ **IBA-STATUS:**
IBA_KANDIDAT

Barbara Pampe | Wissen baut auf Vielfalt

Im Unterschied zu anderen internationalen Willkommenszentren ist das International Welcome Center IWC **(#031)** nicht etwa Anlaufstelle für Studierende aus dem Ausland, sondern ein Zusammenschluss aus Zuwanderungsbehörde und interkulturellem Zentrum. Dieser konzeptionelle Ansatz ist bundesweit neu. Die zentrale Anlaufstelle für Neubürger wird zum Ort der interkulturellen Begegnung und Vernetzung und fördert zivilgesellschaftliches Engagement, indem das Zentrum Räumlichkeiten und inhaltliche Unterstützung für Vereine anbietet. Diese besondere inhaltliche Konzeption ist eine neue Nutzungstypologie, die einer neuen Art von Gebäude bedarf – mit Veranstaltungsflächen für Aufführungen, Vorträge, Präsentationen, Konzerte genauso wie Einzelbüroräume, *Coworking Spaces*, Bereiche für angenehmes Warten, Gespräche, Vernetzung und Austausch, Werkstätten, Ausstellungsflächen und Spielorte – für alle Generationen. Die momentane räumliche Verortung dieser Institution mit Modellcharakter bildet diese Bedarfe nicht angemessen ab. Im Rahmen der IBA bietet sich eine große Chance, für diese Institution geeignete Räume zu konzipieren und zu realisieren und dafür Partner zu finden. Es geht darum, einen informellen Bildungsort zu schaffen, der den Stellenwert dieser Institution zeigt: wertige Räume in einem multitalentierten Haus, das der generations- und kulturell übergreifenden Begegnung und dem Austausch einen Ort gibt.[6]

ZEICHEN SETZEN FÜR DIE WISSENSSTADT

Für den Schlussspurt bis 2022 kommt es darauf an, für die vielfältigen, durchweg guten Ideen, die bisher noch inhaltliches Konzept, gezeichneter Plan oder einfach noch nicht ideal umgesetzt sind, reale und der jeweiligen Nutzung möglichst gut entsprechende Räume zu schaffen.

Die guten inhaltlichen und ungewöhnlichen Ansätze verdienen eine innovative städtebaulich, landschaftsarchitektonisch und architektonisch hochqualitative Umsetzung. Es werden Lernraumprojekte entstehen, die zeigen, dass Bildungsräume für die Vielfalt der Gesellschaft von Relevanz sind und sich nicht nur auf die formale Bildung beziehen. Mutige Projektträger sind gefragt, die mit Unterstützung der IBA bereit sind, Standards zu überprüfen. Sie müssen davon überzeugt sein und dazu beitragen, dass gute Architektur die inhaltliche Arbeit unterstützt und dabei gleichzeitig die Stadträume neu prägt und verbessert.

Heidelberg kann Zeichen dafür setzen, wie in Zeiten hohen ökonomischen Drucks nicht nur Bildungsbauten neu zu konzipieren und zu bauen sind. Es geht zugleich darum, Planungsprozesse langfristig neu aufzustellen. Vor allem die informellen Orte des Lernens gilt es zu qualifizieren, räumlich aufzuwerten und im Ganzen mit Pilotprojekten als Vorbild zu wirken: in einer Vielzahl von Lernräumen, die der heterogenen Gesellschaft zur Verfügung stehen, zu einem lebendigen Austausch führen und sich zu einem Sinnbild einer Wissensstadt fügen.

---

6) Siehe auch Vortrag von Beatrix Busse zum IBA_LAB Nº 3: Place-making für Bildungsorte

Selbstgespräch | Marcus Imbsweiler

LOB DER BRACHE

Jede Stadt hat ihre Geheimnisse –
wie ein Körper sie hat.
Stellen rätselhafter Schönheit
verborgene Höhlungen
Schattenbeugen
Haut, die nur nachts klafft

Gut. Kommen wir nun zu dir.

Wie jeder von uns nimmst du im Alltag verschiedene Rollen ein, auch und gerade im Blick auf die Stadt, in der du lebst. Du bist ihr Bewohner, ihr Nutzer, ihr Kunde. Als Fahrradfahrer freust du dich über eine gescheite Verkehrspolitik, als Konsument über kurze Einkaufswege. Du bist der Vater, dessen Kinder sich im urbanen Raum bewegen, der Sportler, der hier trainieren möchte, der Besucher von Konzerten und Vorträgen. In jeder dieser Rollen nimmst du Stadt anders wahr, gehst anders mit ihr um. Du machst sie dir zu eigen: ihre Gebäude, ihre Infrastruktur, ihr Flair.

Gut. Aber dann bist du ja auch noch Autor.

Da ist der Turm auf dem Berg, den keiner betreten darf.
Da sind die gesprengten Zimmer des Schlosses, einst Treffpunkt der Liebenden.
Der Verschlag in der Altstadt, zu dem der Schlüssel fehlt
der vergessene Brunnen
der eingestürzte Gang ...
Brüchig und dünn wirkt das Pflaster.

Marcus Imbsweiler (*1967), aufgewachsen im saarländischen Limbach. Studium der Philosophie, Geschichte, Musikwissenschaft und Germanistik in Tübingen und Heidelberg. Autor zahlreicher Bücher und Texte.

Die Stadt, die Geheimnisse und der Tod

Für dich als schreibender Mensch ist Stadt vor allem eines: Spielfläche. Drehscheibe der Möglichkeiten. Der Angebote, der Einladungen und, ganz wichtig: der Leerstellen. Ohne Lücken kein Text, ohne Geheimnis keine Anverwandlung. Damit sich Fantasie ausbreitet, bedarf es der offenen Flanke. Überfunktionalisierung raubt dir den Atem. Shoppingmall, Repräsentationsbau, Behördenpalast, Finanztempel, aber auch Touristenmeile, Seniorenresidenz, Eigenheimghetto oder Unicampus: lauter geschlossene Systeme, die dir, egal wo du stehst, den Rücken zuwenden. Wagenburgen der Zweckgebundenheit. An denen prallt der Blick ab, da fällt dir nicht viel ein. Kein Resonanzraum, sagst du.

Klar, Krimi geht immer. Aber sonst?

Hättest du als Autor in Sachen Stadtentwicklung einen Wunsch frei, würdest du sagen: Bewahrt ihren Rätselcharakter. Die offenen Stellen, das Zweckfreie, das Fragmentarische, Ungeplante, Schorfige, die Narben. Da kannst du ansetzen, weiterdenken, ausprobieren. Und genau da, behauptest du, entstehen dann neue Räume, Räume der Fiktion, der Sprachbühnen, auf denen wir anders und neu agieren. Hier – immer noch du – begegnen wir dem, was uns eben auch ausmacht, jenseits unserer alltäglichen Rollenpflicht: unseren Ängsten und Verletzlichkeiten, Träumen und Erwartungen.

Es lebe die Brache! Sagst du.

Die überbauten Klostermauern
die zugeschütteten Gräber und Grüfte
eine Stadt unter der Stadt.
Da sind die Begierden, die man verdrängt,
die Hoffnungsmale und Sehnsüchte. Im Park
das verendete Tier. Ein verwahrloster Mann
auf der Hauptstraße, wirres Zeug redend.
Da ist der Staub, den der Wind empor-
wirbelt, auf dass er von früher erzähle.
Von all denen, die durchgemacht haben,
was wir durchmachen.

Du weißt, das klingt nach Luxus. Nach dem Wünschdirwas dessen, der schon alles hat. Häuschen mit Garten, Nahversorger um die Ecke, Breitbandanschluss. Jetzt also auch noch das Stück Wildnis in der Stadt.

Und doch fragst du – dich, mich, uns alle –, ob dieses Bedürfnis nach Freiraum nicht tiefer reicht. Ob es nicht Allgemeingut ist, Teil unserer DNA. Du nennst ein Beispiel. Verweist auf einen konkreten Ort, einen der beliebtesten in Heidelberg, vielleicht den beliebtesten überhaupt. Dieser Ort ist nicht gestaltet, keiner Funktion unterworfen, er ist weder vom TÜV geprüft, noch trägt er den Namen eines Mäzens: die Neckarwiese. Eine Wiese, Punkt. Ein Nichts an Planung und trotzdem wahnsinnig begehrt. Oder – fragst du – gerade deshalb? Als Möglichkeitsraum? Projektionsfläche?

Wenn du dann noch bedenkst, wie der Stadtwald genutzt wird. Wenn du siehst, wie Nachverdichtung bekämpft, für die Ochsenkopfwiese gestritten, auf stillgelegten Bahndämmen flaniert wird. Wenn du all das siehst – dann beschleicht dich das Gefühl, dass es eben doch kein Luxus ist. Sondern ein Grundbedürfnis.

Frühmorgens
über dem Fluss
eine Nebelwand:
Gesang der Ungeborenen[1)]

Es lebe die Brache! Sage ich.

---

1) zitierte Textstellen: »Die Stadt, die Geheimnisse und der Tod«. Kurzkrimi aus: Heidelberg auf die kriminelle Tour, Mannheim 2012

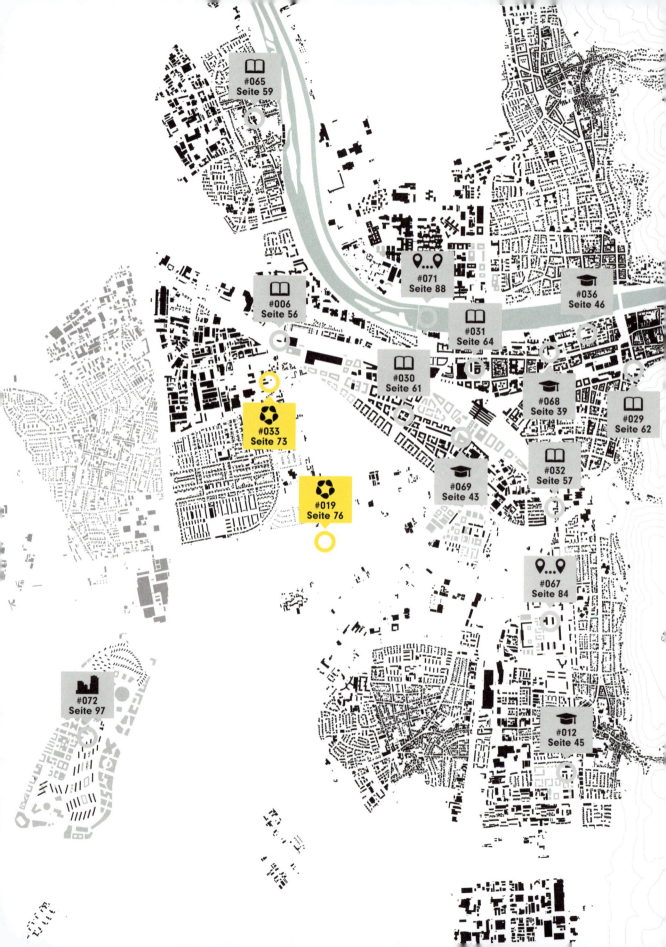

_PROJEKTE

🎓	_WISSENSCHAFTEN	_S. 36
📖	_LERNRÄUME	_S. 50
♻	_STOFFKREISLÄUFE	_S. 68
📍…📍	_VERNETZUNGEN	_S. 80
🏙	_PATRICK HENRY VILLAGE	_S. 92

Christian Holl

Zeichen und Teil des Ganzen
Nachhaltigkeit – mehr als ein Begriff

Im Themenfeld Stoffkreisläufe wird untersucht, »wie in einer Stadt Prozesse rund um Energie, Nahrung und Wasser im Sinne eines nachhaltigen Kreislaufs konzipiert werden können«. Mit zwei Projekten – dem Energie- und Zukunftsspeicher sowie dem Landwirtschaftspark – rückt dieses anspruchsvolle Themenfeld endlich in den Planungsalltag.

Architektur und Planung unter dem Begriff »Stoffkreislauf« zu fassen, fordert den Entwerfer besonders – aus zwei Gründen. Zum einen wird damit eine konventionelle Sicht auf Architektur und Stadt insofern in Frage gestellt, als man sich nicht auf einzelne Elemente der Stadt beschränken kann. Nicht das einzelne Gebäude steht im Mittelpunkt. Vielmehr ist darüber nachzudenken, wie es genutzt wird, wie es mit anderen Häusern in Wechselbeziehungen steht. Es geht darum, wie aus dem Stadtraum und den Gebäuden ein funktionierendes System wird; wie Wasser, Strom, Gas, aber auch Menschen, Güter, Nahrung transportiert werden; wie diese Prozesse so organisiert werden können, dass kein unnötiger Abfall erzeugt wird, dass Material wiederverwendet werden kann, dass Wege möglichst kurz werden.

Die Frage, was dann eigentlich »das Projekt« ist, wird damit offen und unscharf, der Austausch ist zwangsläufig auch ein Thema der Gestaltung. Anspruchsvoll ist das Themenfeld aber auch, weil sich jedes Projekt erst aus einer eigenen Beschreibung dessen, wie Nachhaltigkeit dabei verstanden wird, ergibt. Nachhaltigkeit kann man nicht als feste Größe definieren, vielmehr muss man sich immer wieder aufs Neue darüber verständigen, wie man sie verstehen und welchen Werten man dabei welche Bedeutung einräumen will: Denn Nachhaltigkeit kennzeichnet einen Prozess.

EIN ZEICHEN FÜR DEN WANDEL

Der Energie- und Zukunftsspeicher (**#033,** Seite 73) entsteht an der gleichen Stelle, wo im letzten Jahrhundert ein alter Gaskessel aufragte und wird als neues Bauwerk in einem Komplex aus verschiedenen Kraftwerken zur Landmarke und neuen Visitenkarte der Stadtwerke und ihrem Beitrag zur Energiewende. Er speichert Energie in der Form von heißem Wasser, das in das ausgedehnte Fernwärmenetz Heidelbergs eingespeist werden kann. Das System beruht auf dem Prinzip der Kraft-Wärme-Kopplung: Wärme, die bei der Stromerzeugung entsteht, wird zum Heizen genutzt. Doch werden Wärme und Strom nicht stets zu gleicher Zeit in gleicher Menge nachgefragt – die Wärmeüberschüsse müssen zwischenzeitlich

Rendering: Den zylindrischen Baukörper (Durchmesser 25 Meter) überragt ein geneigter Ring, der als Krone auch Veranstaltungssaal und Bistro einfasst. Von dieser Krone ist an einer Seilnetzkonstruktion eine umlaufende Treppe abgehängt. Die Silhouette des Speichers bekommt so eine Taillierung, deren Lage variiert, je nach dem, von wo aus man auf den Speicher schaut. Das Dachgeschoss des insgesamt etwa 55 Meter hohen Speichers kann auch über einen Aufzug erreicht werden, der Zugang liegt in einem kleinen, öffentlichen Park.

Christian Holl | Zeichen und Teil des Ganzen

Treppe und Aufzug erschließen den Veranstaltungs- und Gastronomiebereich sowie die darüberliegende Plattform mit spektakulärem Panoramablick auf Heidelberg und die Metropolregion.

gespeichert werden. Wie damit Versorgung effizienter und umweltfreundlicher wird, soll exemplarisch in einem Projekt des Gesamtsystems sichtbar und zugänglich werden. Außerdem informieren die Stadtwerke darüber, wie Heidelberg die Energiewende angeht: Den Speicher krönt ein Veranstaltungsraum mit Bistro und darüber liegender Dachterrasse. Hier wird man einen Rundumblick zum Neckartal und zur Heidelberger Altstadt haben.

Eingehängt in das Seilnetz sind etwa 9000 rautenförmige, spiegelnde Metallplättchen, die ein flirrendes Lichtspiel erzeugen. Sie sind so aufgehängt, dass die Fassade des eigentlichen Speichers aus blauen Stahlplatten durch Zwischenräume sichtbar bleibt. Wetter und Tageszeit sorgen so dafür, dass sich der Energie- und Zukunftsspeicher immer wieder anders zeigt. Licht und Wind, beides auch Energieressourcen, werden zum Thema der Gestaltung und in ihrer Wandelbarkeit sichtbar gemacht.

In der Gestaltung der Freiflächen werden ringförmig angelegte Wege als ausgreifende, sich überlagernde Bahnen, so genannte *Loops* aufgegriffen. Sie führen im Abstand von etwa 25 Meter um den Zylinder und erschließen und modellieren das Gelände, das mit der Fertigstellung 2020 öffentlich zugänglich sein wird.

Stoffkreisläufe

#033 Energie- und Zukunftsspeicher
ZEICHEN FÜR DIE ENERGIEWENDE IN HEIDELBERG

ECKDATEN

▶ **ORT:**
Betriebsgelände Pfaffengrund
Henkel-Teroson-Straße
69115 Heidelberg

▶ **TRÄGER:**
Stadtwerke Heidelberg

▶ **ARCHITEKTUR:**
LAVA Laboratory for Visionary
Architecture mit A24 Landschaft
und white void, Berlin, mit schlaich
bergermann partner, Stuttgart

▶ **IBA-STATUS:**
IBA_PROJEKT

PROJEKT:

Mit dem Neubau des begehbaren, 55 Meter hohen Wärmespeichers wird die Relevanz von Nachhaltigkeit und Klimaschutz eindrucksvoll demonstriert. Das markante Gebäude mit spektakulärer Fassade dient auch als öffentlicher Treffpunkt, der die Bedeutung der Energieproduktion verankert: alltagstauglich, am authentischen Ort.

DIE PROJEKTTRÄGER:

»Gemeinsam mit unseren Kunden und Partnern bringen wir die Energiewende konkret an Ort und Stelle voran. Mit dem für die Öffentlichkeit zugänglichen Energie- und Zukunftsspeicher gestalten wir in Heidelberg eine Landmarke, welche die Energiewende verständlich, sichtbar und erlebbar macht.«

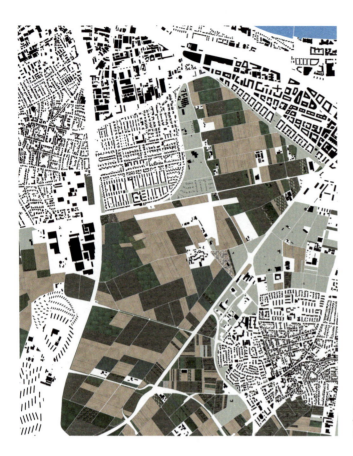

Frei- und Grünräume müssen in einer Metropolregion weitsichtig geplant werden – hier geht es um urbane Nutzungsansprüche und Agrarlandschaften.

LANDWIRTSCHAFT ALS TEIL DER STADT

Hat der Energiespeicher die Aufgabe, die Energiewende in einem anschaulichen Symbol zu repräsentieren, so geht es beim Landwirtschaftspark LWP (**#019**, Seite 76) um eine andere Art des »Stoffwechsels«. Vom Landwirtschaftspark verspricht man sich nichts weniger als einen »koproduzierten Freiraum neuen Typs«. Der große Freiraum von über 400 Hektar im Westen der Bahnstadt ist ringsum von Ortschaften und Stadtgebieten umgeben, hierzu gehört auch das Konversionsgebiet ♦ des Patrick-Henry-Village. Deswegen geht es nicht nur darum, die schon seit langem bestehende landwirtschaftliche Nutzung einschließlich der Produktion von hochwertigen Lebensmitteln zu sichern, sondern auch den Bedarf an Erholungs- und Freizeitfläche aufzugreifen, dem das Areal in kleinen Teilen bereits nachkommt. Die weitere Entwicklung der Stadt wird den Druck auf die Flächen, den Bedarf an Freizeitarealen erhöhen, was sich durch die Umnutzung des Airfields, eines ehemaligen Militärflughafens, verstärken wird. Damit gilt es umzugehen. Mit anderen Worten: Es geht darum, wie die Landwirtschaft – zumindest in einigen Bereichen – Teil von Erholung und Freizeit sein kann, wie sie wieder Teil der Stadtentwicklungsplanung ♦ werden kann, der weit über das *Urban Gardening* hinausgeht.

Vom Park soll der Impuls ausgehen, städtischen und landwirtschaftlichen Raum nicht als Gegensätze, sondern als Teil einer komplexen urbanen Struktur zu verstehen. Diese Qualität muss anschaulich werden. Der LWP muss eine potenzielle zukünftige Selbstverständlichkeit bewusst machen und vermitteln, was in der üblichen Trennung von Produktion und Verbrauch nicht mehr zum Alltag gehört: beispielsweise beim Konsum von Lebensmitteln auch zu berücksichtigen, wo und wie sie produziert wurden.

Christian Holl | Zeichen und Teil des Ganzen

Diese drei Ebenen – Landwirtschaft, Erholung / Freizeit sowie Vermittlung – sollen im LWP zur Einheit werden. Dazu bieten sich mehrere Optionen an, die angesichts der Größe des Areals miteinander kombiniert werden könnten. Die Landwirtschaft kann zum ersten so behandelt werden, dass Lebensmittelproduktion mit Elementen von Parkgestaltung kombiniert wird. Es können zum zweiten Orte geschaffen werden, an denen Wissen vermittelt wird und die Behandlung der Stoffkreisläufe anschaulich nachvollzogen werden. Und es können zum dritten bestehende Initiativen, die sich der regionalen Versorgung mit Lebensmitteln verschrieben haben, eingebunden werden. So kann beispielsweise der Verkauf in die angrenzenden Stadtteile als Teil einer nachhaltigen regionalen Kreislaufwirtschaft aufgebaut werden.

Diese Initiativen könnten im LWP Orte und Möglichkeiten bekommen, um die Vorteile der direkten Verzahnung von Produktion und Verbrauch anschaulich zu machen. Die Voraussetzungen dafür sind nicht zuletzt deswegen gut, weil die Idee des LWP einerseits auf genau solchem zivilgesellschaftlichem ⭡ Engagement – ausgehend von Architekten und Landschaftsarchitekten – aufbaut, zum anderen die Stadt Heidelberg Anfang 2019 Mittel für eine vertiefende Konzeptentwicklung bereitstellte.

Wichtig werden eine gute Erschließung und ein leistungsfähiges Radwegenetz sein. Führungen können organisiert werden, die Voraussetzungen dafür schaffen, dass verschiedene Biotoptypen dabei sind: Wiesen, Hecken, Feuchtbiotope. Das auf dem Areal liegende Airfield ließe sich beispielsweise als Info-Zentrum einbinden.

Das Projekt ist noch am Beginn und wird in den nächsten Jahren umgesetzt. Erste Schritte werden ein Wissenspfad und ein Bohnengarten sein, der beispielhaft Wissen über Techniken und Grundzüge der Nahrungsmittelproduktion vermittelt.

Stoffkreisläufe
#019 Landwirtschaftspark
NAHRUNGSPRODUKTION, NAHERHOLUNG UND NATURSCHUTZ

PROJEKT:

Im zukünftigen Landwirtschaftspark sollen Nahrungsproduktion, Naherholung und Naturschutz in ihren Wechselwirkungen zusammengeführt werden. Als landwirtschaftlich geprägter Park mit vielfältigen Bildungsangeboten wird in einem netzwerkgetragenen Freiraum praktisch und naturnah Wissen über Landwirtschaft vermittelt.

DIE PROJEKTTRÄGER:

»Der Produktionsprozess qualitativ hochwertiger Lebensmittel soll den BürgerInnen näher gebracht werden: Wie funktioniert Fruchtfolge? Warum wird gedüngt? Welche Bodenbeschaffenheit eignet sich für welche Bewirtschaftung? Damit würde auch die hohe Verantwortung und der Reiz des Berufsbildes LandwirtIn als Betreuer, Lenker und Schützer dieser Kultur- und Agrarlandschaft deutlich werden.«

ECKDATEN

▶ **ORT:**
Agrarlandschaft zwischen Bahnstadt, Pfaffengrund, Kirchheim, Eppelheim und dem Patrick-Henry-Village mit der Konversionsfläche Airfield

▶ **TRÄGER:**
Initiativgruppe für einen Landwirtschaftspark

▶ **IBA-STATUS:**
IBA_KANDIDAT

Christian Holl | Zeichen und Teil des Ganzen

Das Airfield wird ein Kern des LWP werden: Die mögliche Nachnutzung muss im Kontext des LWP, des Patrick-Henry-Village und der bereits existierenden Stadtteile gedacht werden. Hierzu werden die Ideen der Stadtgesellschaft in mehreren Entwicklungsszenarien zusammengeführt. 2019 und 2020 werden die Stadt Heidelberg und die IBA die weitere Planung in Zusammenarbeit mit externen Büros konkretisieren.

Der LWP ist, anders als der Energiespeicher, kein Projekt, das irgendwann einmal fertig sein wird: Optionen für neue Ansätze, neue Konzepte, wie Landwirtschaft Teil der Stadtentwicklung wird sein können, lassen sich im Prozess konkretisieren.

EXEMPLARISCHE ANSCHAULICHKEIT

Die beiden Vorhaben sollten nicht als abschließende Antworten auf Fragen verstanden werden, die das Thema »Stoffkreislauf« impliziert. Sie machen vielmehr anschaulich, welche Dimensionen die Aufgabe hat, den Gedanken von Stoffkreisläufen in einer Stadt konsequent zu berücksichtigen – ein Grund dafür, dass die IBA ins Leben gerufen worden ist. Dem stellen sich auch andere IBA-Projekte: das Patrick-Henry-Village zuallererst, sollen dort doch möglichst geschlossene Stoffkreisläufe Teil der Organisation des neuen Stadtteils werden. Hierzu werden dann Fragen der Mobilität ebenso gehören wie solche über das Zusammenwirken von Architektur, Stadt- und Freiraumplanung. Einer der Workshops zu Szenarien für das PHV stand deswegen unter dem Schwerpunkt »Stoffkreislauf«. Letztlich geht es um das Bewusstsein dafür, dass bei jedem Projekt gefragt werden muss, wie es sich in Stoffkreisläufe einklinkt und deren Teil wird. Die beiden hier vorgestellten Projekte geben auf unterschiedliche Art Hinweise darauf, wie das geschehen und sichtbar gemacht werden kann.

Doch dabei darf es nicht bleiben. Stoffkreisläufe zu schließen, so dass Energie gespart, effizient genutzt, Abfall vermieden und Rohstoffe nicht verloren gehen werden, muss ein Thema gesamtstädtischer Strukturen und Systeme sein. Einzelne Projekte, so gut sie sein mögen, dürfen keine Einzelfälle bleiben, nicht zu Lippenbekenntnissen verkümmern.

Es geht um Gestaltungsfragen an der Schnittstelle von Politik, Wirtschaft, Wissenschaft und Gesellschaft, die von und mit allen Beteiligten verhandelt werden müssen. Energieversorgung, Nahrungskonsum, Mobilität dürfen in uns vertrauter Form nicht hingenommen oder gar als unvermeidliches Schicksal erklärt werden. Vielmehr müssen Alternativen in langfristiger Perspektive entwickelt und verständlich gemacht werden. Der Energie- und Zukunftsspeicher sowie der Landwirtschaftspark sind dabei weniger als Lösungen denn als Forderungen zu verstehen: Sie stehen am Beginn einer Entwicklung hin zu einer Stadt für zukünftige Generationen.

Bestandsaufnahme | Marion Tauschwitz

SEMPER APERTUS

Die Stadt – immer offen. Semper apertus. Für Menschen, Materie und Geist. Für Stadt und Wissenschaft, die Wissen schafft, stets nach neuen Räumen sucht und Teil ist von jener Kraft, die – hoffentlich – nur Gutes schafft. Wenn sich Wissen um die Elemente, ihre Kraft und Eigenschaften zu Wahlverwandtschaften zusammenschließen!

Alt Heidelberg, du Feine. Semper apertus – auch das Neckartal, durch das ein frischer Wind bläst. Derweil räkelt sich die alte Dame behaglich an den Gestaden des Flusses. Ihr Mieder ist eng geschnürt. Neckar und Hänge sorgen für Zucht und Strenge, sind beharrliche Erzieher. Fluch und Segen zugleich. Mit den eigenen Pfunden zu wuchern ist nicht leicht, wenn natürliche Grenzen einengen. Dann spannt zuweilen das Korsett. Dann quillt Wasser über, Wissenschaftsräume platzen ebenso aus den Nähten wie Gestaltungsträume. Der Wald hält's mit dem Altershaar: Er wird schütter.

Wasser, Wald und Wissenschaft – mehr als bloße Wiege einer Alliteration. Sie prägen Heidelberg. Sie setzen romantische Assoziationen frei. Deshalb kommen die Besucher millionenfach. »Maler, Dichter und Gesellen« ergaben sich leichten Herzens dem Charme und den Verlockungen der Ländlichschönsten. Wissenschaftler buhlen noch heute um die Neckarstadt. Ihr Verweilen ist kurz, unverbindlich.

Die, die bleiben, kämpfen. Für den Erhalt – aber gegen bloßes Bewahren. Für die Erneuerung – aber gegen Modernisierung um jeden Preis. Für dialektische Harmonie. Das ist Heidelbergs Dilemma. Schwellenort Heidelberg. Semper apertus? Nicht alles und jeder fasst Fuß in der Stadt am Fluss. Heidelberg, die Feine, hält Diskurs nicht mit jedem, Exzellenz nimmt sich elitäre Marotten raus. Fußballstadien empfiehlt sie dann schon mal dem Umland.

Die Städter bleiben in Bewegung und versuchen, neue Wege auf alten Pfaden zu beschreiten.

Die zu finden, hatte sich 1972 eine Studentin auf die Fahnen geschrieben, die zum Studium ins beschauliche Neckartal kam. Der lebendige Geist schwächelte wie die alte Dame Heidelberg auch. Die hörbar gereizt atmete, nahe am Verkehrskollaps war. Autos, Fußgänger, Straßenbahnen, Demonstrationen quälten die Hauptstraße. Von Wagen und Menschen tönte es schon zu Hölderlin-Zeiten. Großstadtdichte auf provinzieller Flur. Deshalb klapperten auch noch die Pferdefuhrwerke die lange Hauptstraße ab.

Viele dokterten am Stadtbild herum, wollten sich mit vermeintlichen Schönheitsoperationen ins Buch der Stadtgeschichte schreiben. Amputierten das Alte und hinterließen hässliche Narben. Bausünder – ganz und gar nicht von Göttern gesandt. Heidelberg ist delikat. Wer neues Terrain beschreitet, muss sich auf Ausnahmezustände einlassen, um in der Diversität und Differenz zum Dialog zu finden. Um mit dem Blick auf die Vergangenheit die Perspektive der Zukunft zu eröffnen. Immer schon brauchte es dazu Räume. Denkräume.

Die fand die Studentin in der Karlsstraße 16, im damaligen Germanistischen Seminar, bevor es der Praktischen Theologie zugesprochen wurde. Aber auch die warf keinen himmlischen Glanz über die gesichtslosen, doch nicht geschichtslosen Räume. Betonkonstrukte füllten Lücken wie Amalgam einen kariösen Zahn. Dem kahlen Beton entfloh die Studentin mit Kommilitonen in den Garten, den

— selbst Hermann Hesse hatte in einem Brief geäußert, dass Heidelberg eine der wenigen Städte sei, "wohin er wollte falls er müsste".

Marion Tauschwitz (*1953) lebt als freie Autorin in Heidelberg.
Verfasserin von Biografien, u. a. zu Hilde Domin.
Sprecherin der Heidelberger AutorInnen.
2018 in das PEN-Zentrum Deutschland aufgenommen.

schon Goethe durchschritten hatte, wenn er den Weg zum Schloss nahm. Komm in den totgesagten Park: Dort unter der gewaltigen Tanne auf einer der Terrassen im Garten schafften wir Studenten der Siebzigerjahre uns eigene Wissensräume. Wann immer das Wetter es zuließ, wurde unter dem selbstgeschaffenen Gedankendach studiert. Weil die Gedanken sich drinnen nicht entfalten wollten.

Grauer Beton tilgte Erinnerung. Die an den philippinischen Freiheitskämpfer und Nationalhelden José Rizal, der sich hier einige Wochen aufgehalten hatte. Auch die an den Hofrat Anton Friedrich Justus Thibaut, dessen legendäre »Singabende« Joseph von Eichendorff genauso begeisterten wie Hegel, Goethe, Jean Paul und Tieck.

Fräulein von Hofmannsthal warf später ihrem Heinrich Zimmer vom ersten Stock aus die Schlüssel zu, um die nächtlichen Sperrzeiten des Vermieters aufzuheben. Semper apertus – na ja, eben doch nicht immer und überall! Die alte Dichterin Hilde Domin erinnerte sich, es als junge Studentin Löwenstein dem Fräulein gleichgetan zu haben.

Die Einzigartigkeit der Universitätsstadt hatte sich unserer Studentin nicht aufgedrängt. Reize lagen tiefer. Zum Beispiel im Kakaobunker, dem Aufenthaltskeller unter der neuen Universität. Immerhin mit echtem Bohnenkaffee. Da war Heidelberg Vorreiter.

Vieles war starr, doch draußen alles in Bewegung. »Studentenbewegung« – der Chronist im Band V des großen Jubiläumsbuchs der Universität setzt Anführungszeichen. Charakterlose Plätze füllten sich mit weißbehelmten Polizisten. Das CA, das Collegium Academicum, wurde Sinnbild der Konfrontation zwischen bewegten Studenten und Universitätsverwaltung, die mit der Räumung im März 1978 eskalierte. Vorbei war's mit der Selbstverwaltung.

Die soll nun vor den Toren der Altstadt auf der Konversionsfläche »Hospital« neu erprobt werden. Studentischem Mut und der IBA sei Dank. Da bewegen sich Geist und Körper. Bildungskonzepte setzen schwungvolle Parabeln in neue Koordinaten, studentische Gesellschaftspolitik erhält eigene konzeptionelle Spielräume, Kultur wird in neuen Räumen verortet. Nicht jeder lacht Freudentränen, Mutter Altstadt winkt weinend Abschied. Hier wird ein Karlstorkino fehlen.

Doch komm in den totgesagten Park und schau. Der etwas »Andere Park« jongliert mit Bewahren und Neugestalten. Archiv der Vergangenheit könnte er sein, Geschichte hereinholen. Promenaden statt Paraden. Der Rückzug des US-Militärs aus seinen Kasernen gibt Raum, diskutiert neue Räumlichkeiten. Die IBA nutzt die Chancen. Konversion: contra Konservation, pro Konversation.

»DER ANDERE PARK«. Semper apertus – für Menschen und Kulturen. Willkommenskulturen. Wenn Kulturorte vernetzt werden, gestalten sie. Werden Teil eines Konzepts. Teilseiend. Austausch der Kulturen im Wandel. Auf Augenhöhe. Damit keiner durch die Maschen der Vernetzung fällt. Damit sichtbar bleibt, was erhaltenswert ist. Am Adenauerplatz könnte das »machbar« sein und den Machern gelingen. Zugänge zu neuen Räumen zu schaffen ist Herausforderung. Weg mit der Unterführung, her mit der Brücke. Interspace – die Sprache liefert gedankliche Spannung, die der Architektur Gestaltungsräume öffnet. Damit die Stadt offen bleibt. Semper apertus. ◄

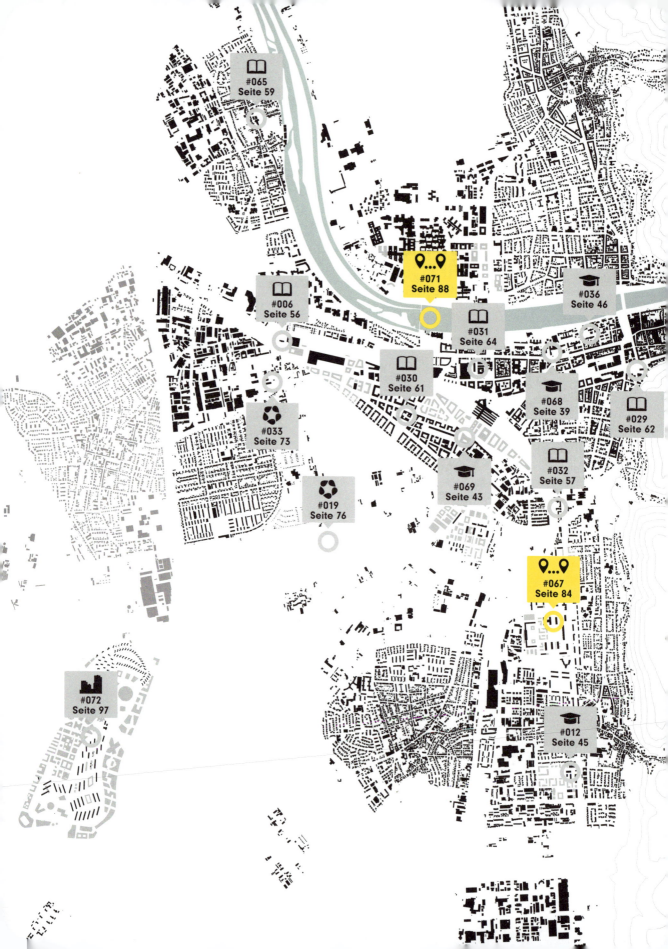

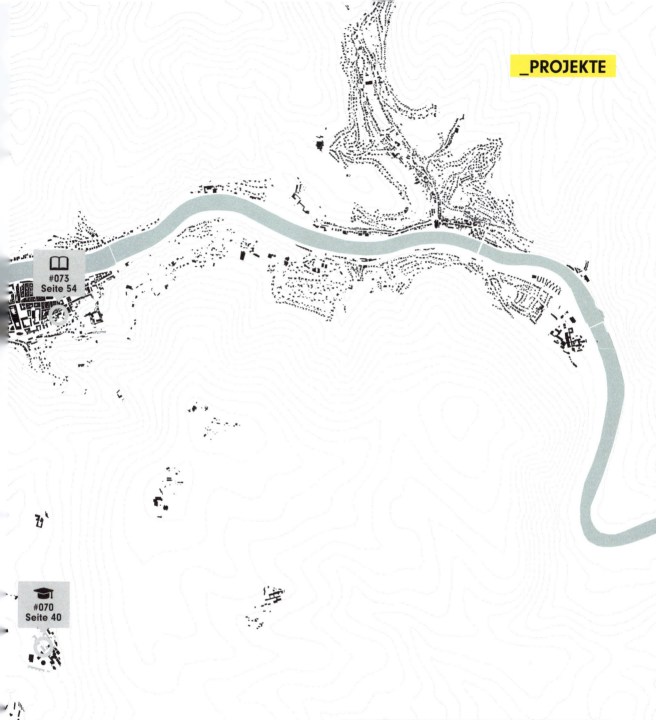

_PROJEKTE

🎓	_WISSENSCHAFTEN	_S. 36
📖	_LERNRÄUME	_S. 50
♻	_STOFFKREISLÄUFE	_S. 68
📍…📍	_VERNETZUNGEN	_S. 80
🏛	_PATRICK HENRY VILLAGE	_S. 92

Neckar, Straßenschneisen, Frei- und Grünräume in Heidelberg: Vernetzungsanalysen zeigen die Leistungsgrenzen der bisherigen Strukturen.

Thies Schröder

Analog und digital
Vernetzung – die Transformationsaufgabe des 21. Jahrhunderts

Die Suche nach der kürzesten Verbindung von A nach B ist Kennzeichen des mechanistischen Zeitalters. Heute wissen wir: Verbindungen sind keine eindimensionalen Funktionszusammenhänge, vielmehr müssen sie erlernt, in Wiederholungen erfahren und erprobt werden. So wird aus einzelnen Verbindungen ein Netz mit Knoten, Kräfte wirken in Verbindungszonen, Kraftfelder entstehen. Diese Systemzusammenhänge gilt es in Planungen zu übersetzen, was sich die IBA Heidelberg mit zwei Projekten vorgenommen hat.

Mit zwei Projekten wird bei der IBA Heidelberg die weitreichende Thematik des Vernetzens in Angriff genommen. Zum einen geht es um die Rolle von innerstädtischen Grünräumen, zum anderen um eine Verkehrsader, die ohne motorisierte Fahrzeuge, aber doch leistungsorientiert an Kraft gewinnen soll. Digitalisierung spielt dabei eine maßgebliche Rolle. Worauf kommt es an?

Zum globalen *Human Brain-Project* tragen Heidelberger Neurowissenschaftler, Physiker und Ingenieure mit einem weltweit einzigartigen neuromorphen Computer bei, mit dessen Hilfe die biologischen Vorgänge des Lernens für die

Künstliche Intelligenz nützlich gemacht werden.[1] Forschende nutzen die Wissensinfrastruktur nicht nur vor Ort, sondern global vernetzt. Auf welche Zukunft also sind analoge Räume vorzubereiten, wenn Wissen nicht mehr vordringlich in Bibliotheken oder Sammlungen vorliegt? Räume werden zu Zonen mehrdimensionaler Interaktionen und stiften Identität inmitten kommunikationstechnisch erweiterter Realitäten – wie beim ANDEREN PARK.

EIN PARK DER GEGENWART

Die Entwurfsbeschreibung eines »Parks der Gegenwart«, verfasst von den analytisch genauen Landschaftsarchitekten Studio Vulkan aus Zürich, vermittelt den Eindruck, man wohne einer magnetresonanztomographischen Untersuchung bei. So genau und komplex fallen Diagnose und Handlungsempfehlungen aus. Auch deshalb ist DER ANDERE PARK (**#067,** Seite 84) ein Aushängeschild der IBA Heidelberg, welche die Wissenschaftsstadt explizit zu ihrer planerischen Aufgabe erklärte. Planungen für die IBA Heidelberg müssen auf Kraftfeldern und Interferenzen basieren und zugleich die neurodigitale Zukunft ins Blickfeld nehmen. Sie müssen den analogen öffentlichen Raum für Zukunftsverbindungen in Netzen öffnen – physisch wie virtuell. Zum »Park der Gegenwart« wird ein Ort also nicht mehr durch eine Funktionszuschreibung, beispielsweise Erholung oder Begegnung. Denn der Alltagsrhythmus hat sich seit der Volkspark-Idee grundlegend gewandelt. Im postindustriellen Zeitalter werden zeitliche, räumliche und

---

1) https://flagship.kip.uni-heidelberg.de (aufgerufen am 4. Juni 2019)

Diese Eiche ist das einzige Zeugnis der Zeitschicht vor der »Großdeutschland-Kaserne« und der anschließenden Nutzung durch das NATO-Hauptquartier für Europa.

Vernetzungen
#067 »DER ANDERE PARK«
VERBINDENDER FREIRAUM NEUEN TYPS FÜR EINE EHEMALIGE KASERNE

PROJEKT:
Mit diesem Park entsteht ein Freiraum neuen Typs, der Einrichtungen der Wissensvermittlung und kulturellen Bildung auf Konversionsflächen miteinander vernetzt. Diese Orte werden über gemeinschaftlich entwickelte Freiräume miteinander verbunden und die historische Kaserne mit neuem Leben einer zivilen Nutzung erfüllt.

DIE PROJEKTTRÄGER:
»Kommunikation erzeugt Wissen: DER ANDERE PARK als Park der Begegnung fördert die Begegnung heterogener Nutzergruppen: Kreativität trifft auf Forschung, der Alltag auf das Besondere, Quartierbewohner auf Besucher. Schritt für Schritt bildet sich eine neue Identität aus dem Zusammenspiel von Gestaltung und einer veränderten sozialen Interaktion heraus.«

ECKDATEN
- **ORT:**
  Konversionsflächen Südstadt
  69126 Heidelberg
- **TRÄGER:**
  Stadt Heidelberg, Landschaftsamt
- **LANDSCHAFTSARCHITEKTUR:**
  Studio Vulkan, Zürich
- **IBA-STATUS:**
  IBA_PROJEKT

Über die Römerstraße hinweg werden Wohnquartiere und das ehemalige Nato-Hauptquartier für Europa geöffnet und vernetzt.

funktionale Beziehungen fließend; den Takt gibt nicht mehr die Arbeitsgesellschaft des Maschinenzeitalters vor. Was aber dann?

Wilhelm Klauser reflektierte die räumlichen Bedingungen der Wissens(re)-produktion und ermutigte dazu, den beschleunigten Wandel zu akzeptieren: »Plötzliche Veränderungen, denen wir in der Beschleunigung begegnen, beflügelten Wissenshungrige immer«, wobei sich Klauser auf den Wissenschaftshistoriker Peter Burke bezog, der 2002 die Heidelberger Gadamer-Professur innehatte.[2]

Wenn sich nun Heidelberg als IBA-Stadt auf den Weg macht, zwischen »Wahrheit und Methode«, Militärgeschichte und neuromorpher ⬥ Digitalisierung einen Pfad, gar einen Park, ein ganzes neues Stadtquartier und davon gleich mehrere samt ihrer Verbindungen zu bauen, gibt DER ANDERE PARK eine fast radikale Antwort. Verzichtet er doch auf eindeutige, räumliche Funktionszuweisungen und setzt stattdessen darauf, dass die Interpretation der Zeichen und Symbole gelingt, die hier im Raum als »Sinn« angeboten werden.

NEUE THEMEN UND AUFGABEN

Derzeit entwickeln sich Technologien und mit ihnen verbundene Hoffnungen in enormer Geschwindigkeit, mit der nur noch die wachsende Skepsis mithält. Was tun? Planen und Bauen sind der Gefahr ausgesetzt, immer zu spät zu kommen und die nächsten Entwicklungsstufen der Stadtgesellschaft nicht genau genug vorauszusehen. Ein Beispiel: Für welche Verkehrsmittel wird Heidelberg über den Neckar besser vernetzt? Sind das noch Fahrräder? Elektrisch oder/und mechanisch angetrieben? Ist die Fahrradbrücke eher ein Schnellweg für e-Roller und -Scooter? Und wer rollt dort überhaupt im Zeitalter der *Coworking-Spaces* ⬥ und Home-Offices? Erübrigen Lufttaxis und Transportdrohnen in wenigen Jahren die Neckarbrücken?

Meist gehen Planende heute von einem Zukunftsmix der Sozio-Technologien aus: *Face-to-face* im *Coworking-Space* ⬥ arbeiten und entwickeln, zugleich im Home-Office Projekte steuern, verbunden in der Cloud des digitalen und der Blockchain ⬥ des analogen Informations- und Warentauschs. Bewegungsapparate, große und kleinere Gefäße des Transports mit batterie- und später auch wasserstoffelektrischem Antrieb, dazu letzte Verbrennungsmotoren noch ein Jahrzehnt – daraus wird mehr Klimaschutz, aber noch keine Stadt der Zukunft. Kritiker

---

2) Wilhelm Klauser: Wissensorte vernetzen. In: Die Wissensstadt von morgen. IBA_LOGbuch Nº 1, Zürich 2017, Seite 75 f.

mahnen die Verkehrswende als grundlegende Mobilitätswende an – zwischen Smart Home Offices und Ridesharing. Wird sich also auch nach dem Ende der IBA ein so großer Pendlerstrom wie bisher von und nach und in Heidelberg bewegen? Ist die für den Radschnellweg vorgesehene Brücke ein Transit- oder ein Begegnungsraum? So ist derzeit viel vom multifunktionalen Raum unserer Städte die Rede, von Möglichkeitsräumen ⬩ und von der Smart City ⬩, die wir uns letztlich in ihren Bewegungs- und Begegnungsmustern noch nicht vorstellen können.

DER ANDERE PARK (#067, Seite 84) reagiert auf diese Ungewissheiten. Zunächst waren die Aufgaben mit intensiver Beteiligung der Bürger formuliert, der Wettbewerb 2018 entschieden, die Finanzierung durch die Bundesrepublik Deutschland als »Nationales Projekt des Städtebaus« gesichert und die Schweizer Landschaftsarchitekten mit der Detailplanung beauftragt worden. Inzwischen arbeiten schwere Maschinen an der Herstellung der Grundlagen für diesen »Park der Begegnung«, wie Studio Vulkan diesen Ort in der Heidelberger Südstadt nennt.

Dieser Park entsteht auf einem Gebiet, das bereits in den 1930er Jahren als »Großdeutschland-Kaserne« erschlossen und dann vom US-Militär und der NATO genutzt wurde. Er wird in Heidelberg als Initialzündung begriffen. Die Heidelberger Südstadt wird sich wie kein anderer Stadtteil verändern und auf doppelte Größe anwachsen. Wohnungen, Büros, Schulen, Kulturangebote entstehen auf dem Gelände der ehemaligen Campbell-Baracks und des Mark-Twain-Village. Und der »Park der Begegnung« verknüpft die Zukunft des Stadtteils mit der wechselhaften Militärgeschichte, ihren Brüchen und Mahnungen.

Und so lautet die erste Erkenntnis: Nichts ist gewiss, nicht einmal die Geschichte eines Ortes. Die nicht nur hier in Heidelberg changiert zwischen Sieger-, Befreier- und besiegter Geschichte, weshalb heute europäische und amerikanische Eichen als Leitarten der neuen Baumschicht in der Südstadt Identifikationen bieten. Ein Park kann keine eindeutige Botschaft sein, der repräsentative Park ist selbst Geschichte.

Studio Vulkan versteht den ANDEREN PARK als Synergie aus Gewebe, Netz und Orten. Eine analytische Annäherung an den Ort und seine spezifische(n) Geschichte(n) half, die zentrale Entwurfsidee der Begegnung auf drei Ebenen zu Raumbildern und einer Raumstruktur weiter zu entwickeln. Die soziale Begegnung auf Straßen und Plätzen, die eine Raumstruktur entwickeln hilft, gruppiert sich um den Park herum als »Lounge der Begegnung«. Gärten helfen die Intensität der Begegnungen hin zu ruhigem Rückzug und intimeren Situationen abzurunden.

Der Entwurf verleugnet die militärische Tradition des Standorts nicht, setzt aber einen starken zivilen Gegenakzent. Nicht nur der ANDERE PARK, sondern der gesamte Stadtteil reagiert auf das neue kontextuelle Umfeld, auf Raumbezüge in die gesamte Neckarstadt hinein und auf die Schwerpunktangebote aus der Raumnutzung der Gebäude, die dort saniert werden oder neu entstehen. Arbeiten, Wohnen, Freizeit sind nicht länger benachbarte, sondern verbundene Nutzungen – so das neue Freiraumversprechen im »Park der Begegnung«.

Was aktuell mit dem Freiräumen des Baufelds im 1. Bauabschnitt erkennbar ist, wird bereits Mitte 2021, also noch vor dem Berichtsjahr der IBA, als neuer Park zu besuchen sein. Entstehen wird ein Kommunikationsraum, der vor geschichtlichem Hintergrund zur Zukunftsfindung einlädt. Bereits in den Entwurfsskizzen sind Menschen permanent in Gruppen oder Paaren dargestellt – Begegnung ist der aus der Neurourbanistik ⬩ abgeleitete Sinn dieses Parks. Ein Entwurf, der Kommunikation fördert und fordert.

Vernetzungen

#071 Rad- und Fußgängerbrücke über den Neckar

UMWELTFREUNDLICHE VERNETZUNG DER WISSENSORTE HEIDELBERGS

ECKDATEN

▶ **ORT:**
Ufer- / Vangerowstraße
69115 Heidelberg

▶ **TRÄGER:**
Stadt Heidelberg,
Verkehrsmanagement

▶ **IBA-STATUS:**
IBA_KANDIDAT

PROJEKT:

Als Ergebnis eines zweistufigen Planungswettbewerbs soll eine städtebaulich und architektonisch innovative Rad- und Fußgängerbrücke über den Neckar führen, die besonders der umweltfreundlichen Vernetzung der südlichen, wachsenden Stadtteile Bergheim, Bahnstadt sowie PHV mit dem Campus im Neuenheimer Feld dient.

DIE PROJEKTTRÄGER:

»In einer Wissensstadt müssen Wissensorte auch intelligent miteinander verbunden sein. Mit der Rad- und Fußgängerbrücke erhalten die südlichen Stadtteile nicht nur endlich eine komfortable Anbindung an das Neuenheimer Feld, durch eine Neugestaltung der Freiräume Bergheims wird zudem die Aufenthaltsqualität im Stadtraum sichtlich verbessert.«

Ingenieurteam Bergmeister / J2M jeckel mayr metz architekten / lohrer hochrein landschaftsarchitekten und stadtplaner gmbh

schlaich bergermann partner / LAVA Laboratory for Visionary Architecture, Berlin / Latz + Partner Landschaftsarchitektur Stadtplanung

SETEC TPI / Explorations Architecture / Marti Baron

Mayr Ludescher Partner Beratende Ingenieure / DKFS Architects / Prof. Jörg Stötzer Landschaftsarchitektur

DVVD I Harrer Ingenieure / DVA – Daniel Vaniche & Associés / BIERBAUM.AICHELE. landschaftsarchitekten

Diese Kommunikation ist auch in Heidelberg insgesamt die Grundlage für das Gelingen des neuen Stadtteils mitsamt des ANDEREN PARKs. Der Ausnahmezustand als Prinzip der IBA ermöglicht die Überschreitung von Systemgrenzen und Normen, in denen nicht nur die Landschaftsarchitektur ◆ heute oft feststeckt.

So berichtet Volker Schwarz, Abteilungsleiter Grünanlagen in Heidelberg, nicht nur von neuartigen »Aneignungsflächen« und »*Common Grounds*«, sondern auch von Konsequenzen, die diese offene Haltung der Landschaftsarchitekten für behördliches Handeln hat. »Das Rote Band beispielsweise, von der Wettbewerbsjury besonders gelobt, passt in keinen Normenkatalog. Und Planen, Bauen, Reparieren, auch Korrigieren von ersten Ansätzen, ist ein fließender Prozess weit über das Eröffnungsjahr hinaus. So einen Park können wir nur mit agilen Teams ◆ entwickeln und betreuen, in denen Landschaftsarchitekten, Verwaltung und Bürger auf Augenhöhe miteinander arbeiten, so wie in Heidelberg am ANDEREN PARK«.

BRÜCKENSCHLAG

Will man vom ANDEREN PARK und dem neuen Wohngebiet auf historischem Terrain in das Neuenheimer Feld, wird der Radschnellweg über den Neckar eine wichtige Rolle spielen. Bis zu 20.000 Radfahrer sollen diese neue Fußgänger- und Radbrücke (**#071, Seite 87**) nutzen und die Mobilitätsstrategie des Landes Baden-Württemberg stützen, die den Radverkehrsanteil im Modal Split ◆ auf 30 Prozent erhöhen will.

Vierzehn interdisziplinär aufgestellte Teams haben »vielfältige Denkanstöße gegeben, wie wir die Radverbindung über den Neckar gestalten können. Zusammen mit der künftigen Gneisenaubrücke schafft die Radverbindung über den Neckar eine komfortable, schnelle und sichere Route vom Süden bis ins Neuenheimer Feld. Die Freiräume und Grünflächen entlang der Brücke werden außerdem die Aufenthaltsqualität in Bergheim erhöhen und eine tolle Flaniermeile für Fußgänger schaffen«, so der Heidelberger Bürgermeister Jürgen Odszuck.

Fünf Teams aus Ingenieuren, Architekten und Landschaftsarchitekten, die mit der weiteren Planung beauftragt sind, stehen für »ganz verschiedenartige Lösungsideen für die Überbrückung des Neckars«, so der Juryvorsitzende Jürg Conzett: von einer schlanken Brücke aus rot eingefärbtem, innovativem Beton mit drei prägnanten Aufenthaltsorten bis hin zu einem charakteristischen Brückenschwung als neues Heidelberg-Bild, einer Sitzlandschaft mit Neckarbalkonen oder einem neuen Wegenetz, das entlang der Hauptverbindung Bahnstadt – Universität alle quer verlaufenden Wegerichtungen einsammelt und so jedem Radfahrer und Fußgänger einen möglichst direkten Zugang und kurzen Übergang ermöglicht. Heidelberg wird im Bereich Fahrradmobilität neue Maßstäbe setzen. Der aktuelle Brücken-Wettbewerb setzte daher voraus, dass Teams aus Ingenieuren, Architekten und Landschaftsarchitekten zusammenarbeiten, um die Brücke nicht am Auflager enden zu lassen, sondern harmonisch in die Stadträume am Ufer einzubinden.

Eine IBA fördert solche innovativen Lösungen durch qualifizierte Moderation und vor allem durch starke Anreize für Kooperationen – auch innerhalb der Stadtverwaltung. Ansprüche an das eigene Handeln, die Einladung zu internationaler Aufmerksamkeit und temporäre Mittlerstrukturen ermöglichen strukturelle Veränderungen. Erfolgreiche Planung impliziert immer eine hohe Verfahrensqualität mit nachhaltiger Wirkung. ◂

Dialog | Silvia Schröer

BRÜCKEN*pläne*MISS

A – vom Asylarbeitskreis, und **B** – ein Bauingenieur.

(Sie sitzen am Neckarufer beieinander. Jeder hängt seinen Gedanken nach. Der Bauingenieur soll eine neue Brücke über den Neckar bauen. Der Mitarbeiter vom Asylarbeitskreis denkt über eine Möglichkeit nach, Flüchtlinge und Stadtbewohner zu mehr Verständnis füreinander zu bewegen.)

B. (murmelt vor sich hin): »Das Fundament macht mir noch Sorgen. Ist der Boden überhaupt tragfähig?«

A. (zerstreut): »Ja, das Fundament ist wichtig, eine gemeinsame Basis. Wenn man die erstmal hat ...«

B.: »Dann kommen die Stützpfeiler.«

A: »Ach, das ist so ein geflügeltes Wort: ‚Die Stützpfeiler unserer Gesellschaft'. Die Menschen sollen sich einfach auf Augenhöhe begegnen.«

B: »Oder in der Mitte. Vielleicht könnte man da eine Bank hinstellen ...«

A: »Ja, in der Mitte wäre auch gut. Den Mittelweg finden wir leider viel zu selten.«

B: »Dafür haben wir die Markierungsstreifen.«

A: »Ich weiß nicht, das hört sich für mich nach Ausgrenzung an.«

B: »Eine Begrenzung brauchen wir. Ich dachte an ein Holmgeländer. Sonst stürzt noch jemand ab.«

A: »Nein, abstürzen soll auf keinen Fall jemand. Genau das wollen wir ja verhindern. Darum gibt es unseren Arbeitskreis. Integration ist das Stichwort.«

ERSTÄNDNISSE

B: »Wir könnten noch einen Edelstahlhandlauf integrieren. Das lockert das Ganze auf.«

A: »Ja, zu verbissen darf man nicht an die Sache rangehen, da hast du schon recht. Aber manchmal habe ich einfach das Gefühl, dass alles nur an mir hängt.«

B: »Eine Hängebrücke wäre natürlich auch eine Möglichkeit. Da müsste ich allerdings die Statik neu berechnen, damit die Gewichte und Lasten gleichmäßig verteilt sind.«

A: »Eben. Sag ich doch. Die Lasten sollten auf alle Schultern gleichmäßig verteilt werden. Da gibt es für Eigeninitiative dann trotzdem noch genug Spielraum.«

B: »Spielraum habe ich vorgesehen, sonst kann sich die Brücke im Sommer ja nicht ausdehnen. Den wollte ich mit Edelstahl abdecken, damit er nicht zur Stolperfalle wird.«

A: »Und wir stolpern so oft in unseren Diskussionsrunden von einem Missverständnis zum nächsten. Ich glaube, wir haben es verlernt, einander zuzuhören.«

B: »Ich bin jedenfalls froh, dass wir mal über diese Brücke gesprochen haben.«

A: »Ich unterhalte mich auch immer gerne mit dir.«

(Beide verabschieden sich mit Handschlag.).

Silvia Schröer (*1972), studierte Germanistik und Geschichte in Frankfurt am Main. Lektorin, Übersetzerin und Autorin, Leidenschaft für Kinder- und Jugendbücher. Lebt in einem Männerhaushalt mit vier Söhnen in Heidelberg.

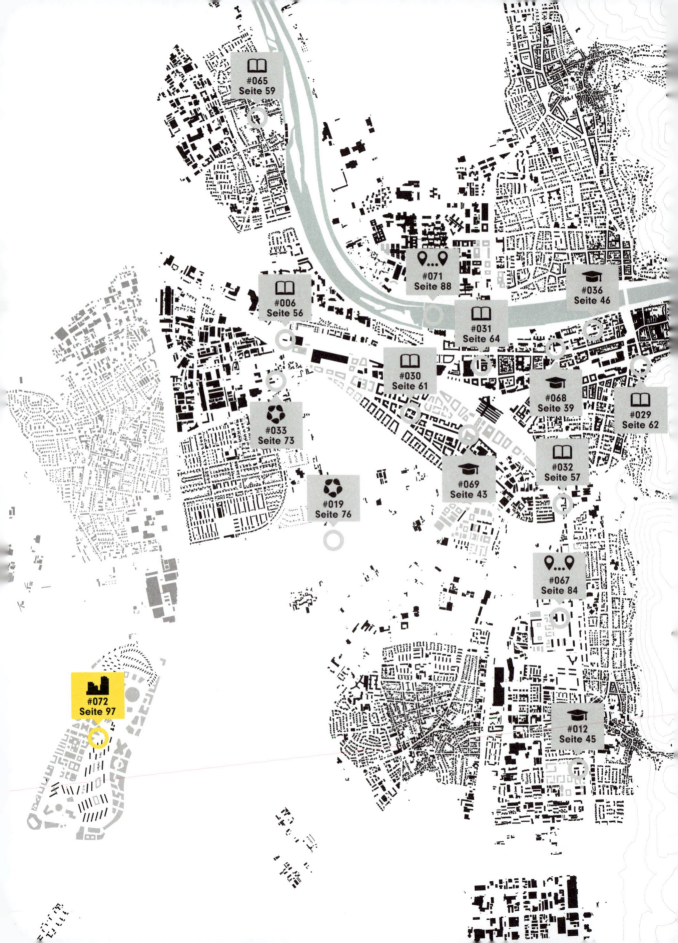

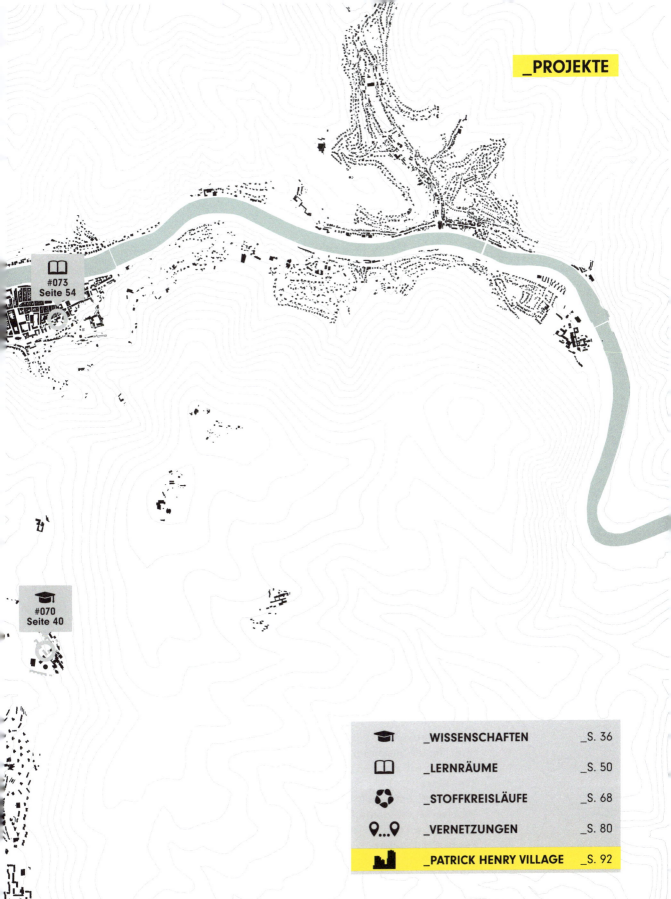

Angelus Eisinger
Neue Insel im Archipel?
Das städtebauliche Zukunftslabor PHVision

Das »PHVision Project« beim Street Art Festival Metropolink 2018, Künstler Aaron Prissner

Es ist ambitioniert. Auf dem Areal der ehemaligen Kleinstadt für US-Truppenangehörige, dem Patrick-Henry-Village (PHV), soll das Herzstück der Heidelberger IBA entstehen. Dieses Gebiet, das so groß wie die Altstadt ist, soll modellhaft entwickelt werden und damit entscheidende Impulse für Heidelberg als Wissens- und Wissenschaftsstandort im Zeitalter der Digitalisierung geben. Die frühe Phase der Planung zeigt: Zukunft muss mehr sein als die Verlängerung der Gegenwart.

Die Bedingungen dieser Zukunft auszuloten und sie vor Ort und für den Ort in einem städtebaulichen Entwicklungspfad zu konkretisieren, darin besteht der politische Auftrag an die Heidelberger IBA, die sich mit dem Transformationsprojekt PHV erst seit 2016 befassen konnte. Das Ausstellungsjahr 2018 gilt als Zwischenstation auf dem Weg zu dem angestrebten zukunftsweisenden Stadtbaustein, dessen Realisierung, so die Einschätzung der Verantwortlichen, mehrere Jahrzehnte in Anspruch nehmen dürfte.

Wohnquartier im Patrick-Henry-Village, nachdem die Amerikaner es bereits 2014 geräumt haben.

GROSSPROJEKT

Ein solches, weit in die Zukunft greifendes Großvorhaben berührt essentielle Fragen gegenwärtigen Städtebaus und aktueller Stadtplanung ↑: Was braucht das PHV-Projekt an stadträumlicher Struktur, damit seine Zukunft als PHVision, wie das zeitgeistige *Branding* lautet, auch gedeihen kann? Wann wäre diese Zukunft gelungen? Woran ließe sich dies bemessen? Was kann der viel beschworene planerische Ausnahmezustand einer IBA inhaltlich und prozessual zu einem solch ambitio-

nierten Vorhaben beitragen, was gängige Entwicklungsformate nicht leisten können? Und schließlich: Worin bestehen die inhaltlichen und konzeptionellen Erkenntnisse für das Arbeiten an der Zukunft der Europäischen Stadt ↑, deren Vielfalt beziehungsweise Mischung ein konzeptioneller Referenzpunkt der Heidelberger IBA ist?

Bevor wir uns diesen Fragen anhand der bislang zum PHV entwickelten Ideen, Konzepte und Strategien zuwenden, sollten wir uns zum Einstieg auf eine Stippvisite in das ebenso schillernde wie irritierende Erbstück des Areals begeben, auf dem der Stadtteil des digitalen Zeitalters entstehen soll.

Angelus Eisinger | Neue Insel im Archipel?

NOTATE AUS EINER RAUM-ZEIT-KAPSEL

Im PHV wohnten seit der Fertigstellung seiner ersten Etappe Mitte der 1950er Jahre bis zu seiner Aufgabe im September 2013 die um Heidelberg stationierten US-Truppen. Es konfrontiert den unvorbereiteten Besucher als Intarsie des *American Way of Life* und seiner städtebaulichen Grundfiguren inmitten von bundesdeutschem Metropolraumallerlei, die an vielen Stellen in ihrer Konsequenz fast schon surreal anmuten. Bei unserer Stippvisite im Dezember 2018 rollen wir im Schritttempo auf Straßen, die Namen tragen wie North Gettysburg Avenue oder Saratoga Drive. Ausgerechnet vor den Toren einer europäischen Stadt, die bis heute Sehnsuchtsort von US-amerikanischen Touristen ist, überrascht uns ihr dezidiertes Gegenmodell – ein Simulacrum ⬥ der *Broadacre City* ⬥. Räumlich unberührt von gesellschaftlichen Entwicklungen seit dem Wirtschaftswunder bis zur Postindustrialisierung lebten im PHV bis zu 8000 Menschen – Armeeangehörige und ihre Familien – in einem räumlichen *Setting* ⬥, das sich in den Vereinigten Staaten seit den 1950er Jahren bis zum großen Börsencrash 2007 unzählige Male vervielfachte und dadurch das Land in diesen Jahrzehnten gewissermaßen ein zweites Mal kolonisierte.

Stadträumlich präsentiert sich das UFO dreigeteilt. Im Süden konzentrieren sich banale drei- bis viergeschossige Zeilenbauten in weitem Abstandsgrün. Hier lebten die Mannschaften mit ihren Familien, hier befanden sich Schulgebäude. Hier stand auch die mittlerweile längst aufgegebene Shoppingmall mit großem Parkplatz, an deren Ausfahrt sich bis heute das Hinweisschild »No shopping carts beyond this point« befindet, das ebenso in Connecticut, Massachusetts oder Vermont stehen könnte. In der Mitte, gleich bei der Einfahrt ins Gelände, empfangen Kirche, Bowlinghall und Offizierskasino.

Die sanft geschwungenen Quartiersstraßen des nördlichen Teils mit ihren Bungalows führen durch ein prototypisches Vorstadtamerika. Alles an dieser Dreifaltigkeit von Familie, Eigenheim und Automobil, die den Plot der amerikanischen Vision einer geglückten Existenz im Massenkonsumzeitalter bildete, wirkt für unsere europäischen Augen seltsam vertraut.

Patrick-Henry-Village

#072 PHVision
KOOPERATIVE ENTWICKLUNG DES PATRICK HENRY VILLAGE (PHV)

ECKDATEN

▶ **ORT:**
Kirchheim
69124 Heidelberg

▶ **TRÄGER:**
Stadt Heidelberg

▶ **MASTERPLAN:**
KCAP, Zürich / Rotterdam

▶ **SZENARIEN:**
2016/17: MVRDV, Rotterdam | Carlo Ratti Associati, Turin / New York | ASTOC, Köln | Ramboll Liveable Cities Lab, Boston / Überlingen und University of Brighton

▶ **VERTIEFENDE STUDIEN:**
2019/20: bogevischs buero, München Initialdesign, Berlin, mit Arup, London| Ramboll Studio Dreiseitl, Überlingen, mit Fraunhofer ISE, Freiburg | Urban Standards, München, mit Buro Happold Cities Team, Berlin | AIT – Austrian Institute of Technology, Wien

▶ **IBA-STATUS:**
IBA_KANDIDAT

PROJEKT:

Für die zentral in der Metropolregion Rhein-Neckar gelegene US-Konversionsfläche PHV erarbeitete die IBA im Auftrag der Stadt eine Entwicklungsvision im Sinne einer »Wissensstadt von morgen«. Gemeinsam mit fünf renommierten Architekturbüros und zahlreichen Experten sowie der Stadtgesellschaft wurden Anregungen gesammelt. Die PHVision von KCAP setzt auf die digitale Zukunft, Synergien von Wirtschaft und Wissenschaft, einen Multimobilitäts-Ansatz, innovative Orte der Bildung sowie zukunftsweisende Wohn- und Arbeitsumgebungen und Versorgungssysteme. Gegenwärtig sind fünf Fachgutachter unter inhaltlicher Koordination von KCAP damit beauftragt, PHVision zu konkretisieren.

DIE PROJEKTTRÄGER:

»PHVision ist eine Vision mit internationaler Strahlkraft. Sie birgt alle Chancen, exzellente Forschung auf das Gelände zu holen und zugleich einen modernen, nachhaltigen und sehr lebendigen Stadtteil zu schaffen. Mit der Planung des PHV erfinden wir eine neue Erzählung. Sie handelt von einer Art Labor, in dem Stadt experimentell erforscht und umgesetzt werden kann. Hier sind Wohnen, Arbeiten, Forschen, Lernen, Lieben, Lachen – das ganze Leben eben - eng verbunden. Für die Entwicklung von PHV brauchen wir deshalb Pioniere, die Lust haben auf ein Experiment.«

Seine Codes speisen sich aus einem Bildrepertoire, das über amerikanische Vorabendserien seit den 1960er Jahren in die europäischen Wohnzimmer drang und so die kulturellen Erwartungshintergründe hierzulande vorformte, denen wir bis heute in solchen Szenerien begegnen. Ein paar Beispiele: Vor den großzügigen Bungalows stehen genau die *Letterboxes*, die die Bühnen begrenzten, auf denen die mythischen Erzählungen mittelständischer weißer Familienidylle telegen zur Aufführung kamen. Auf den nun verwaisten Zufahrten denkt man an die behäbigen Chevrolet Caprice Station Wagons oder massigen Lincoln Continentals, die hier vielleicht noch vor wenigen Jahren standen. Die nun leeren, zaunlosen Gärten der Häuser bevölkern unsere aus Fernsehbildern genährten Fantasien mit herumtollenden Kindern und sanft schwingenden Hängematten. Hinter den Fassaden manifestiert sich die erfolgreich gelebte Ausgabe des amerikanischen Traums in opulenten Ankleidezimmern, über strikt getrennt geführte Eingänge und Räumlichkeiten von Bediensteten und Hausherren oder über mächtige offene Kamine in – für unsere europäischen Maßstäbe – riesigen *Livingrooms*.

Sechs Kilometer von der Altstadt Heidelbergs entfernt haben also die Verwerfungen des Zweiten Weltkriegs und des Kalten Kriegs eine irritierende Raum-Zeit-Kapsel hinterlassen, die nun vor einer komplett neuen Zukunft steht: Was einst für die US-Armee und ihre Familien in Architektur und Einkaufsangeboten, Straßenräumen und städtebaulichen Grundfiguren eine heimatlich anmutende Kulisse im Umland der alten Universitätsstadt Heidelberg bildete, fungiert heute im Projektportfolio der IBA als Projektionsraum der Heidelberger Zukunft im digitalen Zeitalter.

Das »PHVision Project« beim Street Art Festival Metropolink 2018.
Künstler Jan Paul Müller

ERBE UND VERFÜGUNGSMASSE

Doch wie lässt sich ein tragfähiges Narrativ für ein Stück Stadt der Zukunft auf den baulichen und räumlichen Überresten einer vergangenen Gegenwart finden? Diese Frage bringt städtebaugeschichtlich unangenehme Assoziationen an das schwierige Erbe des Wiederaufbaus mit sich. In den Konzepten dafür, wie man die Deindustrialisierung mit üblichen Brachentransformationen auffängt, erfuhr dieses planerische Erbe klammheimlich seine Renaissance. Bis heute begleitet nämlich die dominante städtebauliche Praxis – trotz aller typologischer und architektonischer Gegenbewegungen zum funktionalistischen Städtebau der ersten beiden Nachkriegsjahrzehnte – in ihren Strategien und Instrumenten eine ähnliche Strategie: Aufgegebene Ensembles und Areale werden primär immer noch als städtebauliche Verfügungsmassen gesehen, die einfach zeitgemäß überformt werden.

Dieses konzeptionelle Vermächtnis der Moderne führt im Stadtalltag zu handfesten Kollateralschäden, die sich bei Spaziergängen durch jüngere Entwicklungsgebiete von Stockholm bis Mailand besichtigen lassen: Leere Erdgeschosse, spärlich belebte Freiräume und kaum zu vermietende Wohn- und Arbeitsflächen erzählen von einer andauernden Diskrepanz zwischen den reich ausstaffierten Absichten der Plan- und Bilderwelten und den ernüchternden Realitäten.

DEM BUSINESS AS USUAL WIDERSTEHEN

Das Planungsteam um KCAP widersteht deshalb aus guten Gründen der Versuchung, im aufgegebenen PHV einfach das unverhoffte Geschenk einer Tabula rasa zu sehen. An die Stelle eines städtebaulichen Ideenwettbewerbs, der in solchen Fällen üblich wäre, trat deshalb eine offenere, ja experimentelle Vorgehensweise: Den Anfang machten dabei Szenarien von MVRDV, ASTOC, Ramboll und Ratti, die dann KCAP in einer Vision zusammenführte.

Doch bevor wir uns den Planungsansatz und seine bisherigen Ergebnisse genauer anschauen, werfen wir rasch noch einen Blick auf die Rahmenbedingungen für das städtebauliche Entwerfen und Konzipieren auf dem Areal. Erste urbanistische Orientierungspunkte liegen in den Grundeigentumsverhältnissen – ein einziger Grundeigentümer, was vieles vereinfacht – und dem übergeordneten Leitthema, das es hier umzusetzen gilt: dem IBA-Motto Wissen | schafft | Stadt. Dabei geht es nach den Worten der beiden Impresarios der Heidelberger Initiative, IBA-Geschäftsführer Michael Braum und Baubürgermeister Jürgen Odszuck, um die »vornehmste Aufgabe, Zukunftsfragen auf architektonische und städtebauliche Implikationen « zu überprüfen.

Auf der anderen Seite gehört zu einem solchen Vorhaben auch, wie ein Blick auf vergleichbare aktuelle Wissenschafts-/Wissensorte zeigt, die ihre Wettbewerbsfähigkeit erhalten wollen, eine Liste von Aufgaben, die nur auf den ersten Blick reichlich profan sind, aber deswegen nicht weniger triftig und entwicklungsstrategisch: Im globalen Wettbewerb um Köpfe geht es nicht zuletzt um die Sicherung preiswerten Wohnraums und eine hohe Erschließungsgunst der Wohn- und Arbeitsmittelpunkte.

Diese Ausgangsbedingungen schlagen sich, wo die digitale Zukunft des PHV konzipiert wird, in erstaunlichen Referenzen nieder: »Ähnlich wie der frühere Hamburger Freihafen oder die Shenzen Special Economic Zone«, heißt es an einer Stelle der Entwicklungsvision, »könnte das PHV einen besonderen Status haben, um als Testfeld für neue Entwicklungen zu dienen und um das PHV-*Branding*, als neue Zone für innovative Planungspolitik, aufzuladen«. Und wenige Zeilen später folgt dann auch noch das Votum für eine »bildstarke Architektur« – auch hier bleibt das Vokabular im Marketingduktus.

Angelus Eisinger | Neue Insel im Archipel?

USA, RELOADED

Dieser anspruchsvollen Gemengelage von Rahmenbedingungen, widerstreitenden Ansprüchen und widersprüchlichen Referenzen begegnet das Büro KCAP, das mit der vertiefenden Planung und der Prozessorganisation betraut ist, mit einem überraschenden und für die städtebauliche Konzeption des PHV folgenreichen Diktum: »Der Stadtgrundriss steht unter Denkmalschutz.« Damit sollen also auf dem Areal des PHV nicht dezidiert einzelne Gebäude erhalten werden. Stattdessen wird die vorhandene stadträumliche Figur zum Ausgangspunkt des städtebaulichen Arbeitens erhoben. So kommt es, dass die Grundstruktur einer amerikanischen Gartenstadt mit ihren Straßen- und Freiräumen zum Katalysator eines zukünftigen urbanen Gebildes mitten in Europa wird. Mit dieser Grundsatzentscheidung weicht das Planungsteam konzeptionell geschickt der Kontingenz ⬥ aus, mit der jede Strategie, die sich der Tabula rasa verschreibt, unweigerlich konfrontiert wird.

Das bestehende stadträumliche Substrat von Ringstraße und durchgrünten Wohngebieten, von Villenviertel und Gemeinschaftseinrichtungen auf dem aufgegebenen Areal wird für den zu schaffenden Stadtteil zu einer »inneren Parklandschaft« umgedeutet. Die bestehende Ringstraße wandelt sich dabei zur zukünftigen »innerstädtischen Kante«. An den Außenbereichen dieser Kante sollen über die Jahre Mikroquartiere ⬥ mit höherer Dichte entstehen, die die notwendigen Clusterbildungen ⬥ zulassen. Schlüsselelemente der ursprünglichen räumlichen Struktur wie der *Parkway* ⬥ werden in der neuen Grundkonzeption konstitutiv für das Alltagsleben in und um den Straßenraum fortgeschrieben. Ursprünglich bildete, wie KCAP im Rahmen der Projektentwicklung herausarbeitete, ein *Parkway* einen gemeinsam geteilten, öffentlichen (Begegnungs-)Raum für Fußgänger und Radfahrer, der im automobilen Zeitalter rasch zur Verkehrsschneise mutierte. Zukünftig sollen im PHV auf der ursprünglichen Idee des *Parkways* aufbauend wieder Interaktionsflächen entstehen – abgestimmt auf die städtischen Potenziale neuer Mobilitätsformen.

Was aus dieser Auseinandersetzung mit den Vorgaben des US-amerikanischen Städtebaus insgesamt resultiert, ist aber nicht die Fortschreibung stadträumlicher Codes, die der Europäischen Stadt ⬥ widersprechen. Die von KCAP vorgeschlagene »Gartenstadt der anderen Art« erweist sich als Hybrid ⬥, der US-amerikanische und europäische Elemente verbindet. Darin wird die europäische Stadt zum Orientierungsrahmen für die zukünftigen dichten Mikroquartiere, die sich an die innere Struktur von *Parkway* und Siedlung anlehnen soll.

Parallel zu dieser stadträumlichen Strukturbildung in der Totalen betreibt KCAP ein virtuoses Spiel mit einem strategischen Werkzeugkasten auf der Höhe der Zeit, der dem Credo früher Stimulierung, offener Entwicklungspfade und hoher Flexibilität folgt, um das Gebiet schrittweise zu aktivieren. Konkret sollen *Facts on the Ground* ⬥ über Pioniernutzungen ⬥, temporäre Installationen und Veranstaltungen geschaffen werden, die gemeinsam den Boden für die weitere Entwicklung bereiten.

WIE DARSTELLEN?

Überraschenderweise läßt das bei der Zwischenpräsentation gezeigte Modell von PHVision kaum etwas von dieser Behutsamkeit, der Prozesshaftigkeit und dem Arbeiten entlang sich langsam entfaltender Trajektorien ⬥ erahnen, die die ergebnisoffene Arbeitsweise von KCAP, IBA und Stadtverwaltung charakterisiert. Das Modell und die Vogelschauen zeigen eine Parklandschaft mit Referenzgebäuden, die die äußeren Ringe stellvertretend für die zukünftigen Mikroquartiere bestücken. Sie verweisen auf eine grundsätzliche, bis heute im Städtebau noch nicht zufriedenstellend beantwortete Frage: Wie kommuniziert sich eigentlich städtebauliche Zukunft, wenn man sie als offen annimmt? Anders formuliert: Das zum PHV entstandene Modell will keine Mimikry ⬥ der künftigen Realität sein – aber was vom stadträumlichen Morgen des Areals veranschaulicht sich dann darin? Interessanterweise haben die Veranstaltungen zur Zwischenpräsentation und die verschiedenen Beteiligungsformate eine große Begeisterung bei der Bevölkerung für das Modell erkennen lassen. Darin leuchtet aber noch einmal das kommunikative Dilemma im Umgang mit der Zukunft auf, die der Städtebau heute hat.

ÜBER DIE NOTWENDIGKEIT VON QUANTENSPRÜNGEN: EIN EINSCHUB

Das PHVision versteht sich als eine wachsende und sich schrittweise ausbildende stadträumliche Figur für zukunftsfähige Wohn- und Arbeitsbeziehungen – wobei die Digitalisierung in allen Lebensbereichen vorausgesetzt wird. Diese Ausgangslage rührt prozessual wie inhaltlich-materiell an Grundfragen städtebaulichen Entwerfens, da sich die Zukunft der Stadt, wie wir aus dem 20. Jahrhundert wissen, Visionen und Masterplänen weitgehend entzieht. An die Stelle opulenter Bildorgien und Urbanitätsrhetorik ⬥, mit denen sie untermalt werden, haben Denkräume ⬥ zu treten, die künftige »Stadtwerdung« offener und zugleich realitätsnäher verhandeln.

Städtebau und Stadtplanung ⬥ haben deswegen einen erheblichen Spagat zu leisten: Die Auseinandersetzung mit der Zukunft benötigt einerseits beträchtlich höhere Freiheitsgrade als sie planerischen Alltagsroutinen eignen. Andererseits müssen, wenn man neue städtebauliche Strategien entwickelt, alle Vorschläge mit Bodenhaftung versehen sein, weil man sich mit nüchternen Fakten und Treibern der räumlichen Entwicklung auseinandersetzen muss. Schließlich muss man sich die Grundhaltungen und Tabus bewusst zu machen, die tief in gegenwärtige Entscheidungs- und Handlungslogiken eingelassen sind und das Spektrum städtebaulicher Optionen von Beginn an faktisch verengen.

Eine dieser kaum hinterfragten Konventionen besteht darin, den aktuellen Kontext als den unbestrittenen Verhandlungsrahmen zu betrachten, ohne den die Möglichkeiten stadträumlicher Zukunft gar nicht erörtert werden können. Von diesem heute so selbstverständlichen Verlängern der Gegenwart in die Zukunft gehen

Angelus Eisinger | Neue Insel im Archipel?

aber erhebliche Folgewirkungen aus. Nicht nur, dass dabei Vorhandenes automatisch höhere Priorität erfährt als die Herausforderungen, die sich noch nicht oder gerade erst abzeichnen. Mehr noch: Im letzten Kapitel seiner vor kurzem erschienenen Auseinandersetzung mit der offenen Stadt widmet sich der US-amerikanische Stadtsoziologe Richard Sennett unter dem Stichwort »Ethik der offenen Stadt« explizit den Schwachstellen des kontextbasierten Arbeitens[1]. Die übliche »auf Anpassung gerichtete Planung« verleitet dazu, so Sennett, Veränderungen nur langsam vorzunehmen. Damit verbunden ist die »Politik der kleinen Schritte«, die für ihn ihre Defizite vor allem dort besitzt, wo sie Zukunftsoptionen gar nicht zulassen will, die gewachsene Strukturen in Frage stellen könnten. Ein solcher Reflex mündet in Denkbeschränkungen, wie sie sich an vielen reflexartigen Einlassungen zur aktuellen Klimadiskussion gerade sehr schön beobachten lassen.

Allgemeiner formuliert: Unsere Grundlogiken baulicher Strukturmuster dürften in vielen Städten im Hinblick auf Klimawandel, neue Mobilitätsformen oder die Digitalisierung vieler Alltagsbereiche vor erheblichen Anpassungen stehen. Dafür genügt es nicht, die heutigen Strukturen einfach fortzuschreiben. Städtebau und Planung brauchen deshalb Formate, in denen Verhandlungen zwischen Politik, Verwaltung und Fachpositionen mit der notwendigen Weitsicht geführt werden können – ohne Scheuklappen und ohne blinde Flecken, dafür aber mit Klarsicht auf faktische Bedingungen der Gegenwart in der Auseinandersetzung mit der Zukunft. Nur über einen so verstandenen Realitätssinn kippt die Tugend der Umsicht, die den Planern beigebracht hatte, mit der Spezifik des Kontexts zu arbeiten, nicht in platten Konservatismus.

So sollte also die Suche nach den Bedingungen der Zukunft von der Überlegung ausgehen, was unsere Zeit als ihr Vermächtnis weiterzugeben gedenkt. Dabei geht es um eine neue Horizontlinie des städtebaulichen Arbeitens, die das gebaute Erbe nicht mehr automatisch als eng umrissenes Komposit sorgfältig gepflegter Einzelobjekte oder stimmiger baulicher Ensembles begrenzt.

Es ließe sich damit beginnen, einen räumlichen Gesamtzusammenhang von gesellschaftlichen Optionen zu imaginieren, der künftigen Generationen ähnliche Gestaltungsmöglichkeiten lässt, die auch der eigenen Zeit gegeben waren. Vielleicht liegt in einer solchen Grundhaltung die kühnste Form der Suche nach neuen städtischen Qualitäten.

---

1) Richard Sennett: Die offene Stadt. Eine Ethik des Bauens und Bewohnens. München 2018

»VISION« FÜR HEIDELBERG

Wie geht nun das städtebauliche Konzept zur Zukunft des PHV mit dieser Herausforderung um? Wie operiert es, wenn es kein ortsspezifisches Wissen gibt, auf das sich zurückgreifen ließe, und gleichzeitig kein Beteiligter eine verlässliche Agenda der Zukunft skizzieren könnte?

Die Antwort ist nun die »Vision« für das PHV, die sich aus einem zwölfteiligen Narrativ ⬩ und einem räumlichen Konzept zusammensetzt. Rasch stellt sich der Eindruck ein, dass die Digitalisierung für die räumliche Strukturbildung des Stadtbausteins in den Hintergrund trat. Denn im Grunde braucht die vorgeschlagene stadträumliche Programmierung und Dimensionierung von Ringstraße, Mikroquartieren ⬩ und »grünem Herzen« die Digitalisierung nicht. Die Planer verweigerten sich aber interessanterweise nicht den Implikationen ⬩ der Digitalisierung auf Mobilität, öffentlichen Raum oder das Verhältnis von Wohnen und Arbeiten – ganz im Gegenteil. Vielmehr spiegelt sich hier das innovative Moment des Vorgehens: Die in die »Vision« eingearbeiteten Inhalte bilden die städtebauliche Quintessenz eines mehrstufigen Expertenprozesses, welcher der Narrativproduktion vorgeschaltet war und mit einem in der Software-Branche üblichen *Design Thinking Workshop* ⬩ begann.

Dabei sollten die relevanten Trends zu den vier Themenfeldern »Wissenschaft und Wirtschaft« (bearbeitet durch MVRDV), »Vernetzung und Digitalisierung« (bearbeitet durch Carlo Ratti Associati), »Lernräume und Wohnen« (bearbeitet durch ASTOC) und »Stoffkreisläufe und Freiraum« (bearbeitet durch Ramboll Liveable Cities Lab mit Dreiseitl und Bohn) herausgearbeitet werden. Die vier Teams verdichteten ihre Überlegungen jeweils in vier Szenarien, aus denen KCAP dann »Grundprinzipien des Entwurfs« und Hinweise auf »präzise Orte« destillierte, die in der »Vision« zu bearbeiten waren.

So versammelte die experimentelle Versuchsanordnung der Szenarienstrategie viele Kompetenzen und Einsichten, mit denen die Schlüsselthemen der aktuellen »Vision« herausarbeitet wurden – gefiltert durch die Einschätzungen von externen Experten und Chefbeamten der städtischen Verwaltung. Sie kommentierten die Überlegungen in einem Zwischenschritt, was in Dialogformaten mit der interessierten Bevölkerung ergänzt wurde.

Die Digitalisierung spielt dabei, wie gerade angesprochen, nur eine untergeordnete Rolle. Vielmehr wird eine sehr viel profanere, aber enorm hartnäckige Herausforderung offenkundig: die Planungskultur und die Planungspraxis zu ändern, um auch tatsächlich die Nutzungsmischung zu implementieren. Mit anderen Worten: Es geht darum, den »Ausnahmezustand auf Zeit« – salopp formuliert – auch tatsächlich zum Tragen zu bringen.

Die PHVision in dreidimensionaler Darstellung. Mit Versatzstücken aus der Baugeschichte wird die stadträumliche Vielfalt des neuen Stadtteils auf altem Kasernen-Areal visualisiert. Der »Insel-Charakter« des ehemaligen Patrick-Henry-Villages bleibt erhalten.

Angelus Eisinger | Neue Insel im Archipel?

Schließlich vertagt die Vision strategische Grundsatzentscheide auf spätere Phasen: Bis jetzt wurden beispielsweise Szenarien zum Erhalt des Wohnungsbestands nicht getestet, was aus Nachhaltigkeitsüberlegungen und der akuten Wohnungsnot in und um Heidelberg geboten wäre. Ebenso wenig wurden die Lage der künftigen Zentren, Subzentren und ihre Rolle geklärt. Offen blieb auch, in welchen entwurfsrelevanten Beziehungen diese im Werden begriffene und in ihren Konturen noch offene Insel des digitalen Zeitalters zu ihren räumlichen Nachbarn aus analogen Tagen steht. Das hier anklingende Thema der Stadtlandschaft ⬥ soll uns zum Abschluss beschäftigen.

DIE GEWEITETE PERSPEKTIVE

In welche Richtung hat sich nun das Paradigma ⬥ der Europäischen Stadt ⬥ zu entwickeln, das Raumfigur und Alltagsleben wechselseitig konstituiert? Zunächst sind die faktischen räumlichen Arbeitsteilungen und Wechselbeziehungen in den Funktionalräumen zu betrachten, für die politische Grenzen längst kein Hindernis mehr sind. Seit Thomas Sieverts' wegweisender Publikation zur »Zwischenstadt« [2] fehlt es freilich städtebaulich und landschaftsräumlich ⬥ – bis auf wenige Fälle – an strategisch belastbaren Stadtlandschaftsvorstellungen, die aufzuzeigen verstünden, wie sich die funktionalräumliche Wirklichkeit jenseits von punktuellen Veränderungen transformieren ließe.

Diese strukturelle Leerstelle aktueller urbanistischer Strategiearbeit anzugehen, steht auch für den pulsierenden Wirtschaftsraum Rhein-Neckar an. Im Entwicklungsprozess für das PHV hat man sich dieser Aufgabe bereits etwas angenähert: So sei dieser Großraum in und um Heidelberg als »eine vernetzte Agglomeration ⬥, eine Konstellation unterschiedlicher Hierarchien, funktioneller Hot Spots und Identitäten« zu verstehen, heißt es dazu etwas wolkig formuliert in der Entwicklungsvision zum PHV von 2017.

Ein Planungsformat wie die IBA muss nun als eine einmalige Chance verstanden werden, sich einer derart essentiellen Aufgabe zu stellen. Ihr fast schon sprichwörtlicher »Ausnahmezustand auf Zeit« schafft Optionen, den strategischen Perspektivwechsel zum großen Maßstab zu wagen, was in der Hektik des planerischen Alltags kaum möglich ist. Konkret geht es darum, ein Landschafts ⬥ – und Siedlungsentwicklung ⬥ verwebendes, räumliches Gerüst zu entwerfen, in dem Teilrealitäten und Fragmente zueinander und gleichzeitig in einem übergeordneten Rahmen in Beziehung gesetzt werden. Was heißt das für den Rhein-Neckar-Raum? Luftaufnahmen lassen rasch augenfällig werden: Im mittlerweile weitgehend zersiedelten und vielfältig zerschnittenen Landschaftsraum ⬥ lassen sich markante

---

[2] Thomas Sieverts: Zwischenstadt. Zwischen Ort und Welt, Raum und Zeit, Stadt und Land. Braunschweig 1997

Das Team der Entwicklungsvision für das PHV von 2017 unter der Leitung von Kees Christiaanse.
Neben ihm in der ersten Reihe (vorne von links nach rechts) drei Verfasser der Szenarien: Herbert Dreiseitl, Carlo Ratti und Winy Maas

räumliche Prägungen der vielfältigen Geschichte der Kulturlandschaft ablesen, die Anknüpfungspunkte für die künftige Struktur der Stadtlandschaft ♦ sein können. So lässt sich zum Beispiel auch auf den Renderings zur PHVision, die das künftige Areal in der Rhein-Neckar-Landschaft zeigen, unschwer die historische Zentralachse des Schwetzinger Schlosses aus der Vogelperspektive ausmachen. Auch der bis heute landwirtschaftlich geprägte Raum im Südwesten der Heidelberger Bahnstadt, der Teil eines IBA-Projektes zu Land(wirt)schaftsräumen von morgen ist, formt einen weiteren kulturlandschaftlichen Ankerpunkt für die künftige Raumstruktur im Rhein-Neckar-Gebiet. Mit diesem Flickenteppich größerer und kleinerer Landschafts- und Siedlungsfragmente gilt es nun zu arbeiten.

Dabei sind auf verschiedenen Maßstabsebenen Ansatzpunkte einer tragfähigen Koexistenz von Siedlung und Landschaft zu finden, die auch in der verkehrlichen Vernetzung berücksichtigt wird.

Vor dieser Ausgangslage scheint es von KCAP durchaus folgerichtig angedacht, das PHV in einem offenen und schrittweisen Prozess als neue »Insel« und »neue Zentralität« in einem bestehenden »Archipel« auszuformulieren. So soll in der Rhein-Neckar-Region ein Laborraum für künftige Wissenschafts- und Wirtschaftsformen entstehen – »als Ort, an dem Wissenschaft, Wirtschaft und Wohnen Synergien bilden«, wie es in der Entwicklungsvision heißt. Die eigentliche Arbeit daran ist freilich, wie gerade angesprochen, auf kommende Phasen vertagt worden. Unter den Vorzeichen großmaßstäblichen Denkens verspricht das PHV tatsächlich zu einem beispielhaften Stadtbaustein der Zukunft zu werden, weil er die Transformation im Rhein-Neckar-Raum im Maßstab der Metropolregion ♦ anstößt.

So ist es im Grunde vor allem die großräumliche Dimension der PHVision, welche die Neuprogrammierung der ehemaligen US-Siedlung markant von den Strategien anderer Hochschulstandorte unterscheidet, um die Wettbewerbsfähigkeit als international konkurrenzfähiger Wissenshub für die Zukunft zu sichern. Die Auseinandersetzung mit den Folgen, welche die Digitalisierung für Heidelberg haben wird, verspricht eine Reparatur jener Gravuren, die gesellschaftliche Dynamiken seit der analogen Ära des Wirtschaftswunders in der Stadtlandschaft hinterlassen haben. ◀

Dramolett | Jean-Michel Räber

HD19
ODER
IF YOU NO GET MONEY HIDE YOUR FACE

Personen: Ich aus Da. Er aus Dort
Vor einem Baumarkt in der Stadtmitte.
> (Ich komme eben aus dem Baumarkt, wo ich mehrere Reinigungsutensilien eingekauft habe. Meine Freundin und ich sind frisch in die Weststadt gezogen. Altbauwohnung, 150 Quadratmeter. Das ist viel, ich weiß, aber mit unserem Hund, in einer kleinen Wohnung, das käme für uns nicht in Frage. Für den Hund auch nicht. Ich stelle die Einkaufstüte neben mein E-Bike, schließe es auf...)

Er aus Dort: En-schuldigung.
> (Er ist groß, schwarz und lächelt mich an. Im Hintergrund mehrere Menschen aus Dort und Dort, die auf den Bus warten, der sie in ihre Massenunterkünfte zurückbringen soll. Ich krame einen Euro – oder zwei, ich traue mich nicht zu kontrollieren – aus der Hosentasche.)

Er aus Dort: (hält mir eine Bierflasche entgegen) Kannst du auf?
Ich aus Da: Eh... Moment. Klar. (Erleichtert, das Kleingeld nicht hergeben zu müssen – ein Fünf-Euro-Schein wäre vermutlich angebrachter; oder übertrieben? –, zücke ich mein Schweizer Taschenmesser und öffne die Bierflasche.)
Er aus Dort: Danke schön.
Ich aus Da: Klar. Prost.
Er aus Dort: Post?
Ich aus Da: Cheers.
Er aus Dort: (lacht) Cheers!
Ich aus Da: Ja. Yes. Also dann.
Er aus Dort: Good here. Deutschland gut. Ick liebe Eidelber.

> (Ich sehe es ein, Kommunikation ist angesagt. Er hat Zeit. Was soll's, ich nehme mir die Zeit. Mit einem echten Flüchtling habe ich noch nie gesprochen. »Flüchtling oder Geflüchteten?« Doch was soll ich antworten auf »Ick liebe Eidelber«? »Danke«? Die Liebeserklärung geht an die Stadt und nicht an mich. Andererseits bin ich Teil dieser Stadt, also liebt er auch mich. Diese zugegebenermaßen etwas absurde Erkenntnis erfreut und befremdet mich zugleich.)

Ich aus Da: Where do you come from?
Er aus Dort: Nigeria.
Ich aus Da: Oh, very nice.
> (»Very nice?« Was ist denn »very nice« an Nigeria? Ich bin etwas unsicher, wo genau Nigeria liegt und beginne leicht zu schwitzen. Der Mann aus West-Zentral-Ost-Dort-Afrika ist sehr groß und sehr... schwarz. Wäre er ein wenig weniger schwarz, würde ich mich vielleicht nicht ganz so unwohl fühlen. Hinzu kommt, dass er Bier trinkt. Nachmittags um fünf. Das erinnert mich daran, dass ich noch Weißwein für die bevorstehende Wohnungseinweihung besorgen wollte.)

Er aus Dort: Do you know Nigeria?
Ich aus Da: Eh...
> (Während er irgendetwas von »Lagos«, »Mainland« und »Slums« erzählt – sein Pidgin-English verstehe ich nicht wirklich –, fällt mir auf, wie unfassbar hässlich der Baumarkt und das anschließende Parkhaus sind. Man sollte beides abreißen. Vielleicht starte ich eine Bürgerinitiative.)

if you hide

Jean-Michel Räber (* 1959) in Zürich. Zunächst Schauspieler im In- und Ausland. Inzwischen Autor von Theaterstücken und Hörspielen, lebt in Heidelberg.

Er aus Dort: ... because people here don't know nothing. I tell you, when all my brothers and sisters come here... uhhh! (Dabei lacht er und hält mir die Bierflasche entgegen. Ich winke lächelnd ab.)
Ich aus Da: I don't drink before...eh... bevor the sun is eh... under gone.
(Was für eine bescheuert unterschwellige Belehrung. Gelogen ist es auch noch. Und ich schäme mich für mein schlechtes Englisch.)
Er aus Dort: Actually I am not from Nigeria.
Ich aus Da: Aha.
Er aus Dort: Kamerun.
Ich aus Da: Oh. (Dazu fällt mir gar nichts ein.)
Er aus Dort: Before Togo. (Lacht) Now Ei-del-ber.
(Den Weißwein nicht vergessen.)
Ich aus Da: And in Nigeria, where did you live?
Er aus Dort: I told you. (Lacht) Lagos. Uhhh.
(Lagos, ist das nicht ein Land in Asien? Und was meint er mit »Uhhh«? »Schlimm« vermutlich. Ich versuche mir vorzustellen, wie er dort gelebt hat. In einem Wohnblock? Ähnlich wie auf dem Emmertsgrund? Da fällt mir ein, dass ich keine Ahnung habe, wie es in einem Wohnblock im Emmertsgrund aussieht. Und wer wohnt eigentlich in dem vergessenen Viertel, weit ab von der Stadt? Sind die Flure vermüllt, wie ich sie mir in Laos (Lagos?) vorstelle, oder ist alles sauber aufgeräumt? War er in seinem Slum glücklicher? Warum ist er hier?)
Ich aus Da: Why...
Er aus Dort: Why?
Ich aus Da: Nothing.

(Er schaut mich an, lacht wieder. So wie Männer aus Dort lachen. Etwas zu laut. Lacht er mich aus? Und denkt: du da, Mann aus Da, tu nicht so, als ob du dich für mich interessierst, besorg mir einfach eine Wohnung, eine Arbeit. Und als ob er meine Gedanken lesen könnte sagt er:)
Er aus Dort: I am a carpenter.
(Nicht nur habe ich den Weißwein noch nicht eingekauft, ich habe auch im Wohnzimmer das Regal eines teuren Einrichtungsgeschäftes noch nicht zusammengebaut. Alleine schaffe ich das nicht. Ich schaue ihn etwas zu lang an.)
Er aus Dort: Do you need a carpenter?
Ich aus Da: (Panisch) No no, thank you!
(Ihn in unsere 150 Quadratmeter große Wohnung mitnehmen? Zwei Bäder. Vintage Möbel aus den 60ern, aus Amerika eingeflogen, ein unglaubliches Schnäppchen. Nein, das geht nicht. Wird er hier je eine Wohnung finden? Wird er hier eine Familie gründen (mit wem?) und unser Nachbar werden? Werden wir mit ihm grillen? In fünf Jahren, in zehn, zwanzig, nie?)
Ich aus Da: It was nice talking to you.
(Ich drücke ihm doch fünf Euro in die Hand, er lacht.)
Er aus Dort: You know what my brother «Small Doctor» say? "If you no get money hide your face". But look at me. Can I hide my face? Here in Eidelber?
(Ich schicke ihm ein thumbs up und fahre mit meinem E-Bike zu unserer Einweihungsparty. Zuhause fällt mir ein, dass ich die Reinigungsutensilien habe stehen lassen. Es wird erstmal dreckig bleiben, bei uns.)

your face

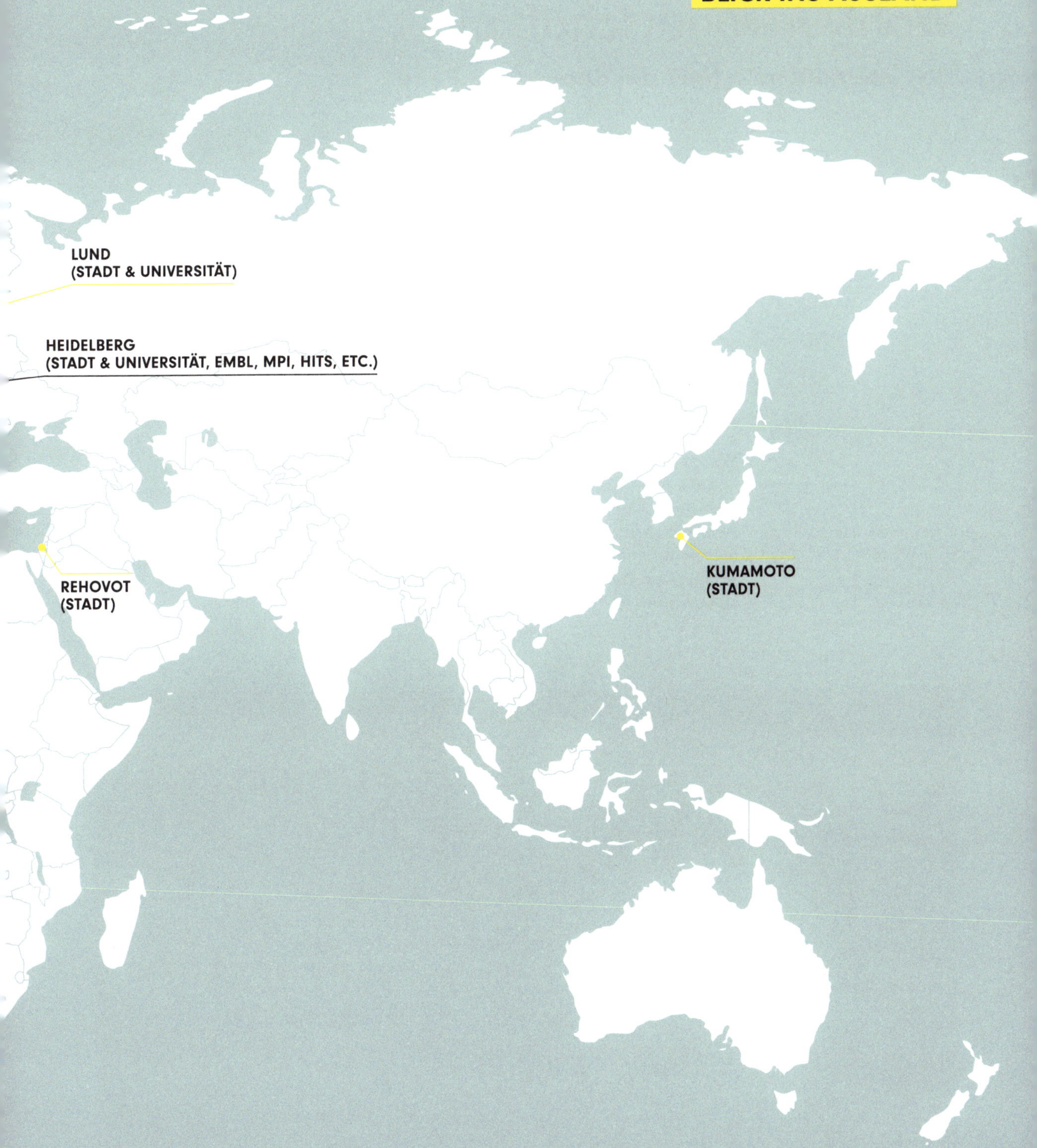

BLICK INS AUSLAND

LUND
(STADT & UNIVERSITÄT)

HEIDELBERG
(STADT & UNIVERSITÄT, EMBL, MPI, HITS, ETC.)

REHOVOT
(STADT)

KUMAMOTO
(STADT)

WAHLVERWANDTSCHAFTEN

Zwischen 2014 und 2018 waren Bürgermeister und Universitätsrektoren aus den hier verzeichneten Städten in Heidelberg, um sich bei drei IBA_SUMMITs zum Thema »Town & Gown« und zur Stadtentwicklung bedeutender Universitätsstädte auszutauschen.

Carl Zillich
Wahlverwandtschaften
Das internationale Netz der Knowledge Pearls

Stadterweiterung der Universität Cambridge, erster Bauabschnitt: Eddington, »Cambridge's newest neighbourhood with something for everyone«

Wie ist in einer vernetzten Welt, in der räumliche Antworten auf Zukunftsfragen des gesellschaftlichen Wandels scheinbar in Echtzeit und global abrufbar sind, der Mehrwert von Internationalität für eine IBA und ihren Wirkungsort zu verstehen? Die IBA Heidelberg will unter anderem einen internationalen Planungsdiskurs zu den räumlichen Dynamiken und vielfältigen Abhängigkeiten von Wissenschaften in der Stadtentwicklung fördern.

IBA-INTERNATIONALITÄT IM 21. JAHRHUNDERT

Die Berliner Bauausstellungen von 1957 und 1987 bildeten Höhepunkte bei der Beauftragung ausländischer Architekten. Der Kalte Krieg für Berlin und die Deindustrialisierung bei der IBA Emscherpark im Ruhrgebiet lieferten die Basis für die internationale Relevanz und Resonanz der jeweiligen Herangehensweise. Seitdem rückte die Internationalität einer IBA oft in den Hintergrund, oder sie ist genuin gegeben – wie bei der trinationalen IBA Basel.

Die IBA Heidelberg blickt von Anfang an über die Grenzen, um aus internationalen Beispielen Rückschlüsse zu Instrumentarien ziehen und räumliche Antworten für Heidelberg geben zu können. Dafür wurden vergleichbare traditionsreiche Universitäten in kleinen Großstädten mit hoher internationaler Reputation gesucht, die strukturelle und räumliche Problemlösungen umsetz(t)en sowie Interesse an einem Austausch mitbrachten. Mit den Forschungsansätzen von Willem van Winden konnte eine wissenschaftliche Basis und mit den *Knowledge Pearls* ♦ eine Terminologie gefunden werden, um die internationale Perspektive zu charakterisieren.[1] Wir sprechen von »Wahlverwandtschaften«.

Seit 2014 hat die IBA Heidelberg mit Cambridge (UK), Leuven (Belgien) und Lund (Schweden) drei europäische Städte und ihre Universitäten in die Arbeit der IBA Heidelberg eingliedern können,[2] deren themenspezifische Relevanz im Folgenden skizziert wird. Allen gemeinsam sind konkrete Versuche, Wachstumsdynamik in den Wissenschaften räumlich und gesellschaftlich zu integrieren. Cambridge, Leuven, Lund, Heidelberg: In solchen Agglomerationsräumen ♦ wirken global konkurrierende Institutionen der Forschung und Entwicklung erfolgreich und mit entsprechender Wachstumsdynamik. Zudem stiften diese kleinen, geschichtsträchtigen Großstädte ein hohes Maß an Identität und verfügen über besondere Lebensqualität, ohne einen nahen internationalen Flughafen missen zu müssen. Die attraktive räumliche Nähe von urbanem Lebensstil, akademischer Exzellenz, wirtschaftlicher Dynamik und globalen Netzwerken hat räumliche Auswirkungen, die ortsspezifisch unterschiedlich zu Tage treten. Verkehr und Wohnraumversorgung stellen dabei nicht nur die Stadtgesellschaft ♦, sondern auch die Universitäten vor große Aufgaben, denen mit unterschiedlichen Schwerpunkten begegnet wird. Während in Heidelberg der Masterplanprozess ♦ für das Neuenheimer Feld einen Quantensprung für die integrierte Planung zwischen Stadt und wissenschaftlichen Institutionen bringen soll und die Entwicklung der Konversionsfläche ♦ PHV als »mutige Mischung« in der Wissenschaftsstadt noch in den Anfängen steckt, sind die Wahlverwandtschaften dabei, zumindest quanti-

---

1) vgl. Willem van Winden: Die Politur der »Wissensperlen«. Heidelberg und seine IBA. In: Die Wissensstadt von morgen. IBA_LOGbuch Nº 1, Zürich 2017, Seite 50-53

2) vgl. Olaf Bartels, siehe Seite 27; fundiertere Untersuchungen sind in Kooperation mit deutschen Planungslehrstühlen in Bearbeitung.

Carl Zillich | Wahlverwandtschaften

tativ ambitionierte Stadterweiterungen umzusetzen und/oder auf der *Governance* ⬆ – Ebene mehr oder weniger Beispielhaftes zu leisten. Immer geht es um die Kooperation und (Macht-)Balance von *Town & Gown* ⬆, den Interessensausgleich und die Abhängigkeiten zwischen der Kommune und der ansässigen Universität.[3]

CAMBRIDGE

Die private Universität Cambridge ist die Trägerin eines 150 Hektar umfassenden Stadterweiterungsprojekts, dem North West Cambridge Development. Mit zukünftig 3.000 Wohnungen und etwa 100.000 Quadratmetern für Lehre, Forschung und Entwicklung sowie Gemeinschafts- und Nahversorgungseinrichtungen soll das Quartier die bezahlbare Wohnraumversorgung für postgraduierte Studierende und Mitarbeiter ganz unterschiedlicher Gehaltsgruppen der Universität sicherstellen.[4] Nördlich des Campus West Cambridge Site aus den 1970er Jahren entsteht ein Quartier mit hohem Anspruch an die Nachhaltigkeit der Gebäude.[5] Dass dafür im geschützten Grüngürtel um die Stadt Cambridge und ihrer Nachbarkommunen im Distrikt South Cambridgeshire ein Baugebiet ausgewiesen wurde, zeigt, wie hoch der Flächenbedarf im so genannten Silicon Fen ist.[6] Zugleich ist die Universität stolz darauf, eine Planung im Einvernehmen mit unterschiedlichen Kommunen und den Planungsverantwortlichen auf höheren Ebenen erzielt zu haben. Nachdem die Grundstücke in den 1990er Jahren gekauft und die Planungen seit 2003 vorangetrieben wurden, ist 2018 der erste Bauabschnitt mit einer Grundschule, einem Marktplatz mit Nahversorgung, sozialen Einrichtungen und ambitioniertem Nachbarschaftszentrum – das Storey's Field Center – sowie Wohnungen fertiggestellt worden. 700 davon sind Mietwohnungen für Mitarbeiter der Universität und ihrer Colleges, außerdem gibt es 325 Studentenwohnheimplätze. Hinzu kamen ein Altersheim und bislang 450 Eigentumswohnungen für den freien Markt. Anhand dieser Zusammensetzung lässt sich gut die Mischung und Mischkalkulation nachvollziehen, welche die Universität hier anstrebt, ohne damit zu verhindern, dass Cambridge wohl weiterhin die Stadt mit der größten sozialen Ungleichheit in Großbritannien sein wird.[7]

....

3) Dank gebührt den Gästen der IBA_SUMMIT 2014, 2016 und 2018 sowie den Studierenden im Seminar des Autors im WS 2018/19, »Town & Gown – Universitätsstädte im internationalen Vergleich« an der Universität Kassel

4) Laura Mark: How the University of Cambridge is building a community for its staff. In: Architects' Journal, Nr. 17, Seite 56-58

5) Hattie Hartman: North West Cambridge – how does a globally leading university tackle the sustainable city of tomorrow. In: Architects' Journal, Nr. 16, Seite 51, 54-61

6) Cambridge Local Plan 2018, As modified by Inspectors' Main Modifications, and The Council's Additional Modifications, verabschiedet 2014

7) Centre for Cities, Cities Outlook 2018, London 2018, Seite 60

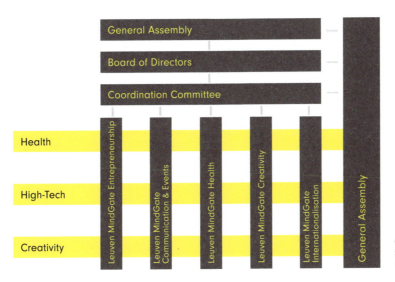

Organisationsstruktur und Schwerpunkte von Leuven MindGate

Während in Eddington – wie das North West Cambridge Development mittlerweile offiziell heißt – die Nutzungsmischung aufgrund des Schwerpunkts Wohnen ihre Grenzen haben wird, soll sich im Herzen der Stadt die Old Press / Mill Lane am Fluss zu einem öffentlichen Ort der Begegnung entwickeln. Ein Konversionsprojekt ⬥, wo drei Colleges Wohnraum für Studenten bekommen und zugleich Nahversorgung und -erholung in Form von neuen öffentlichen Räumen für die Bevölkerung als Ganzes geboten werden sollen.

LEUVEN

Bei der Wachstumsdynamik in Leuven kommt der Stadtentwicklung ein eingespieltes Miteinander zwischen Belgiens größter und renommiertester Universität, der KU Leuven, und der Stadtverwaltung zugute. So wird seit fast zwanzig Jahren die Universitätsklinik am peripher ⬥ gelegenen Gasthuisberg aus den 1970er Jahren zu einem urbanen und vernetzten Medizin-Campus ⬥ umgebaut und erweitert. Hatte bei dieser Kooperation die Universität die Führungsrolle inne, übernimmt die Stadt diese für die innerstädtische Hertogensite. Hier werden zwei Kliniken ausgelagert. Die Universitätsklinik richtet am alten Standort ein Wohlfahrtszentrum sowie ein Medizinmuseum ein und stellte Flächen zur städtebaulichen Entwicklung des Areals bereit, was über einen breit angelegten Beteiligungsprozess zum Masterplan von 2017 führte.

Außergewöhnlicher ist die Kooperation von Stadt, Wissenschaftseinrichtungen und Wirtschaft auf struktureller Ebene. So wurde 2015 mit dem Health House, eine Art Science Center, die Gesundheitsversorgung für Laien wie Fachleute eingerichtet. Getragen wird es von der KU Leuven, dem Universitätsklinikum, der Provinz Flämisch-Brabant, der Stadt Leuven und dem imec, Europas größtem Forschungszentrum für Nano- und Mikroelektronik. Ein Jahr später initiierte die Stadt die

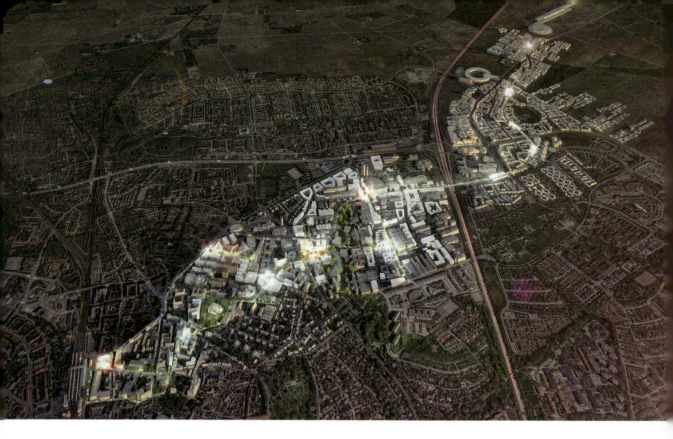

Eine neue Straßenbahn spannt sich als »Science Road« vom Bahnhof Lund zum neuen Technologiepark an der European Spallation Source, diesseits der Autobahn durch den Bestand, jenseits der Autobahn durch die Neubauquartiere.

Vereinigung Leuven MindGate mit damals 29 und heute über 300 Mitgliedern: Wissenschaftliche Institutionen, Firmen und die Verwaltung werben nach außen für Leuven als Innovationsstandort, vernetzen die Akteure ⬆ und machen mit Projekten und Aktionen das Wissen der Region möglichst vielen vor Ort zugänglich. So wurde 2018 ein ambitioniertes Festivalprogramm auf die Beine gestellt, das den Bogen zwischen Gesundheit, High-Tech, Kultur und Kreativität spannte und unterschiedliche Zielgruppen ansprach. Konkret wird diese Programmatik beim International House für Wissensnomaden, beim Engagement für die Entwicklung eines Kreativquartiers ⬆ auf einer Konversionsfläche ⬆ oder bei der Initiierung einer internationalen Schule. So zeigt Leuven, wie strukturell und planerisch auf Augenhöhe zwischen *Town & Gown* ⬆ kooperiert werden kann.

LUND

Seit Jahrhunderten wuchs die Universität Lund aus der Altstadt in nordöstliche Richtung. Mit der Platzierung internationaler Einrichtungen zur Grundlagenforschung am äußersten Rand der Stadt wurde diese Entwicklungsachse aufgenommen, um die stadträumliche Entwicklung fortzuschreiben und in einen neuen Zusammenhang zu stellen. Zwischen den ehemaligen Stadtrand und den neuen Forschungseinrichtungen, die 2016 beziehungsweise 2019 in Betrieb gingen, sowie dem Technologiepark Science Village Scandinavia (SVS) liegt der neue Stadtteil Brunshög. Hier verspricht die Stadt mit Konzeptvergaben ⬆ eine Förderung neuer Mobilität, sozialer und funktionaler Mischung. Identitätsbildend soll neben einer markanten städtebaulichen Figur auch die Verbindung zur Land(wirt)schaft ⬆ sein, die dort verdrängt wird. Zusammen sollen im neuen Nordosten von Lund auf 250 Hektar einmal über 40.000 Menschen leben und arbeiten. Das Rückgrat dieser Entwicklung bildet eine neue Straßenbahn zum Hauptbahnhof, die 2020 ihren Betrieb aufnehmen und eine Vernetzung der Wissenschaftsstandorte leisten soll.

Carl Zillich | Wahlverwandtschaften

Interessant ist die wirtschaftliche Seite der Entwicklung. Während in Ideon, einem Technologiepark aus den 1980er Jahren, Stadt und Universität mit jeweils zwanzigprozentigen Anteilen in der Minderheit gegenüber der Wirtschaft waren, wird das SVS in gleichen Teilen von der Universität, der Stadt Lund und der Provinz Skåne entwickelt und die Wirtschaft erst später über Konzeptvergaben ♦ für einzelne Bausteine ins Boot geholt. So wird auch eine ausgewogene Stadtentwicklung im Interesse der Forschungslandschaft und der Nutzer sichergestellt.

Nicht zuletzt um die Wachstumsdynamik für alle zum Erfolg zu führen, wurde mit *Future by Lund* durch die Stadt und eine Innovationsagentur der schwedischen Regierung eine Plattform ins Leben gerufen, die Zukunftsthemen mit der Bevölkerung diskutiert und dabei Wissenschaft und Wirtschaft vernetzt. Es geht darum, welche Megatrends ♦ welche Auswirkungen auf unser Leben in Städten haben.

LESSONS LEARNED

Die Beispiele zeigen – zumindest in Leuven und Lund – die so genannte Quadruple-Helix ♦ in Aktion: Wissenschaften, Wirtschaft, Regierung/Verwaltung und Zivilgesellschaft ♦ werden in einen Stadtentwicklungsdiskurs eingebunden, der natürlich nicht frei von Partikularinteressen ist. Jedoch ist spätestens seit Erstarken des Populismus auch den Wissenschaften klar, dass sie nicht nur für Anerkennung demonstrieren (*March for Science*), sondern öfter und aktiver den Elfenbeinturm verlassen und sich auch räumlich als gute Nachbarn begreifen müssen.

Zielkonflikte und Flächenkonkurrenzen sind in keiner der Referenzen perfekt gelöst. Die Kommunen haben unterschiedliche Strategien und Mittel gewählt, um die Gemeinwohlorientierung in der Stadtentwicklung mit dem globalen Wettstreit ihrer dominanten Schicksalsgefährten – den wissenschaftlichen Einrichtungen – in Einklang zu bringen. Jedoch zeigen die Beispiele, wo in Deutschland und gerade in Heidelberg integrierte Stadtentwicklung ♦ verbessert werden könnte, wenn entsprechende Strukturen geschaffen würden. Die räumlichen Konsequenzen des Wachstums im Bereich der Wissenschaften werden hierzulande viel zu wenig im gesamtgesellschaftlichen Kontext und gemeinschaftlich behandelt. Für die Universitäten zum Beispiel stellt sich dabei die Aufgabe, langfristig zu planen und ein strategischer Partner der Kommunen zu sein. Eine vagabundierende Verantwortlichkeit zwischen Wissenschaftsministerien (Bedarfe ♦), Finanzministerien (Bauherren und Eigentümer) und den Universitäten selbst (Nutzer) erschwert eine strategische Allianz von *Town & Gown* ♦ in Stadtplanung und Städtebau ♦ auch in Heidelberg. Bis 2022 will die IBA mit Unterstützung des Landes, der Universität und anderer wissenschaftlicher Einrichtungen Ergebnisse vorweisen, die auf der *Governance* ♦ -Ebene international bestehen können. Anpassungen baukulturell relevanter Prozesse dürften aber zeitlich über die IBA hinausweisen. Die »Wahlverwandtschaften« der *Knowledge Pearls* ♦ spornen dazu an, die globalisierte Wissenschaft mit lokalen Gegebenheiten zu versöhnen. ◄

Krimi | Claudia Schmid

KRIMINELL

Elegant schmiegt sich die Stadt in das heitere Tal. Dort, wo der Neckar den Odenwald verlässt und die letzte Etappe seiner Reise antritt. Völlig unspektakulär wird er sich bald danach in Mannheim mit dem Rhein vereinen, nachdem er zuvor in Heidelberg eine einzigartige Kulisse erhält.

Es gibt verschiedene Perspektiven, sich Heidelberg zu nähern. Die romantische, die geschichtliche oder die intellektuelle. Als Schriftstellerin, die neben historischen Romanen auch Krimis schreibt, ist mein Blick zusätzlich ein anderer. Denn eine Stadt, die sich bei Sonnenlicht betrachtet derart heiter und selbst bei Nebel heimelig darbietet, ruft entschieden die Frage nach ihren Schattenseiten hervor. Hat nicht alles zwangsläufig auch eine andere Seite als diejenige, die sich derart offensichtlich präsentiert? Dabei interessiert auch der Aspekt, wie sich die Stadt in den letzten Jahren gewandelt hat. Ein Gang durch Bergheim, dem alten Klinikgelände am Neckar, wo der Wandel gut geglückt ist, mag als exemplarisch gelten.

▶ In der Voßstraße beginnend lässt der Spaziergang über die Ernst-Walz-Brücke ins Neuenheimer Feld die Gedanken fliegen. Der Weg gestaltet sich zu Beginn behaglich und beschaulich mit den baulichen Insignien einer Zeit, die gemeinhin fälschlich als die gute alte bezeichnet wird. Auf der anderen Seite des Neckars öffnet sich der Blick, und die Gebäude werden klarer in ihren Strukturen. Das neue Klinikgelände nimmt

INSPIRIEREND

Krimi funktioniert auch ohne Mord & Totschlag

gemeinsam mit Wissenschaftsgebäuden wie dem Mathematikon einen ganzen Stadtteil ein. Die Komplexe sind sachlich gehalten, ohne Verwendung von Baudekor, wie er etwa in der Gründerzeit oder während des Jungendstils üblich war.

Nicht alle, die sich auf dem Campus bewegen, wissen oder ahnen indes, dass das gesamte Gebiet unterirdisch erschlossen ist. Unter der sichtbaren existiert eine verborgene inspirierende Welt mit Gängen und Schächten.

▶ Eine gänzlich andere Herausforderung wie die der Neugestaltung des alten Klinikgeländes besteht städtebaulich mit der ehemaligen US-Militärfläche Patrick-Henry-Village. Wie anregend wäre es ebenfalls für Schriftsteller, wenn etwa die Häuser von all dem Leben erzählen könnten, das sich seit den 1950er Jahren bis zum Abzug des amerikanischen Militärs aus Heidelberg hier abspielte. Die Stadt trägt mit dem gesamten Gelände ein Erbe, das eine gewaltige Herausforderung, aber auch eine Chance für die Stadtentwicklung bedeutet. Seit Jahren stehen neben all den anderen Gebäuden die Offiziers-Villen längs des leicht geschwungenen, von hohen Bäumen gesäumten San Jacinto Drives leer. Der Strom in den Häusern ist abgestellt, die Wasserrohre funktionieren nicht mehr. Konservierter amerikanischer Vorstadt-Flair aus den 60er Jahren. Man wundert sich, warum Doris Day nicht lachend aus einem der Fenster winkt. Bis zu 8000 Menschen wohnten im Patrick-Henry-Village, mit eigenen Supermärkten und Schulen. Im Sommer 2018 wurden einige der verlassenen Häuser für Besucher geöffnet, und die IBA Heidelberg zeigte hier Visionen des zukünftigen Stadtteils. Man darf sehr gespannt auf die Umsetzung sein.

▶ Der Serienkiller, der in verwinkelten Gassen wehrlosen Geschöpfen auflauert, ist zum Glück in der Realität weitaus seltener zuhause als im Krimigenre. Im Gassengewirr der Altstadt der UNESCO City of Literature Heidelberg verleitet kriminelle Phantasie dazu, sich in Hauseingänge duckende Schatten vorzustellen. Die breiten, klar definierten Straßen der neu errichteten Bahnstadt erschweren es, jemand unentdeckt zu verfolgen. Hallen Schritte auf regennassem Pflaster im historisch eingebetteten Ensemble nicht viel beeindruckender als auf ebenen Wegen zwischen Beton?

Die Welt ist ständig im Wandel. In den letzten Jahren veränderte die digitale Revolution ähnlich nachhaltig und unumkehrbar wie ehemals die Gutenberg-Revolution unser Leben. Mit den Lebensumständen und den Anforderungen an Lebensweisen ebenso in städtebaulicher Sicht hat sich auch die Kriminalität gewandelt. Eine Bank zu überfallen, ist schon länger kein lohnendes Verbrechen mehr. Von zuhause aus, gänzlich ohne Gesichtsmaske lässt sich etwa via Computer mit dem Versenden von Ransomware Geld machen. Ganze Städte könnten lahmgelegt werden, indem man ihnen den Strom abschaltet. Im digitalen Zeitalter eine Katastrophe, der mit Sicherheitssystemen begegnet werden muss.

Ein interessanter Krimi ist immer auch ein Spiegelbild der Gesellschaft. Kriminalität hat im Laufe gesellschaftlicher Veränderungen differenzierte Ausprägungen. Wobei es den Mord aus niederen Beweggründen immer geben wird. Aber Krimi funktioniert nicht nur mit Mord und Totschlag. ◀

Claudia Schmid schreibt Kriminelles, Historisches, Reiseberichte, Hörspiele, Theaterstücke, Kurzgeschichten. Mehrere Literaturpreise. Redakteurin von Kriminetz.de. Lebt bei Heidelberg.

Walter Siebel
Vorbilder künftiger Politiken
Die IBA, die Wissensgesellschaft und die Stadt Heidelberg

Mit einer IBA wird eine Qualifizierungsstrategie verfolgt. In einer »Ausnahmesituation auf Zeit« werden Themen aufgegriffen und Probleme gelöst, die unter Alltagsbedingungen nicht angegangen werden. Zum einen werden herausragende Projekte entwickelt, welche die Thematik der jeweiligen IBA konkretisieren. Zum anderen werden Prozesse organisiert, die internationale Experten ebenso anregen wie die endogenen Potenziale der Region. Projekte und Prozesse sollen künftige Politiken vorbildhaft leiten können.

IBA – PROJEKTE, PROZESSE, PARADOXIEN

Unter Bedingungen eines Ausnahmezustands sollen alltagstaugliche Lösungen entwickelt werden. Damit erweisen sich IBAs allgemein als paradoxe Strategien.

Im Fall Heidelberg tritt diese Paradoxie noch schärfer in Erscheinung. Anders als bei allen bisherigen IBAs sollen in Heidelberg städtebauliche und architektonische Antworten auf die Fragen zu kommenden Wissensgesellschaften gefunden werden.

▶ Die IBA Heidelberg hat deshalb erstens ein Wissensproblem. Was sind die Aufgaben, die in der kommenden Wissensgesellschaft von den Städten gelöst werden müssen?

▶ Sie hat zweitens ein politisches Problem, denn ihre Projekte formulieren Antworten auf Fragen, die sich der Politik und der Stadtbürgerschaft bislang nur nachrangig oder noch gar nicht stellen.

▶ Die IBA Heidelberg hat drittens einen viel zu engen Handlungsrahmen. Sie bearbeitet ein Thema, das über die Grenzen Heidelbergs hinausweist, aber als kommunale IBA ist sie außerhalb der Stadt nur begrenzt handlungsfähig. Sie ist verglichen mit den »heroischen Phasen der IBA« [1] eine sehr arme IBA. Ihr fehlt durch die mangelnde institutionelle Unterstützung von Land und Bund das nötige Geld. Die zweite wesentliche Ressource einer IBA ist die Aufmerksamkeit der nationalen und internationalen Öffentlichkeit. Sie kann Investoren, Experten und andere Akteure dazu motivieren, sich zu beteiligen, und verspricht den Machern einer IBA Ansehen und Karrierechancen. Auch diese Ressource wird durch die gleichzeitig laufenden, mittlerweile fünf weiteren IBAs in Deutschland knapp.

---

[1] IBA-Kuratoriumsmitglied Ernst Hubeli sprach bei mehreren Veranstaltungen von einer »postheroischen IBA«; die heroische Moderne sei doch mehr oder weniger verabschiedet, und die IBA könne nicht mehr – wie noch bis in die 1980er Jahre – auf Milliarden zurückzugreifen, um außergewöhnliche Bauten zu realisieren.

Im Szenario für die PHVision schlägt Carlo Ratti unter anderem vor, zwischen bestehende Zeilenbauten Dächer zu spannen, um mit großzügig überdachten öffentlichen Räumen neue Orte der Begegnung zu schaffen, die »P.H. Commons«.

Die IBA Heidelberg ist gegründet worden, um diese Probleme anzugehen. Und mit Ausnahme des dritten bietet die Stadt ausgezeichnete Voraussetzungen, um ihr großes und zukunftsträchtiges Thema – »Die Stadt der Wissensgesellschaft« – erfolgreich zu bearbeiten. Wie kaum eine andere deutsche Stadt verfügt Heidelberg – für seine Größe – über ein sehr differenziertes Kulturangebot, ein besonderes urbanes Flair, kurze Wege, Nähe zum Großflughafen Frankfurt, die Einbindung in die Region Rhein-Neckar, die älteste deutsche Universität sowie eine Vielzahl international agierender wissenschaftlicher Einrichtungen, insbesondere in den Lebenswissenschaften. Hinzu kommen international bedeutende Unternehmen. Zur Halbzeit gilt es, ihre Prämissen und Begrifflichkeiten zu klären.

WISSENSGESELLSCHAFT

Die moderne Gesellschaft ist insoweit Wissensgesellschaft, wie ihre Strukturen, ihre Lebensweisen, ihre Potenziale und ihre Entwicklungspfade, aber auch ihre Probleme und Konflikte durch Wissen und Wissenschaften bestimmt sind. In der Wissensgesellschaft wird Wissen zum wichtigsten »Produkt« und zum wichtigsten Produktionsfaktor. Wissen wird neben und an Stelle natürlicher Ressourcen zur wesentlichen Quelle ökonomischer Prosperität. Allerdings ist die Wissensökonomie keine alternative Ökonomie, die unabhängig von der Industrie zu verstehen wäre. Im Gegenteil, komplementär zur Wissensökonomie und parallel zu ihr vollzieht sich eine Reindustrialisierung der Stadt – aus drei Gründen.

▶ Zum einen ist die gewerbliche Produktion eine Basis der Kultur- und Wissensökonomie.[2] Dieter Läpple verweist im Anschluss an Ron Shiffman auf das Beispiel der Theater- und Opernbühnen, die ohne hochqualifizierte Kostümschneider, Möbel- und Kulissenbauer nicht möglich wären.[3]

2) Willem Van Winden, Leo van den Berg u. a.: Manufacturing in the New urban Econonomy. London / New York, 2011

3) Dieter Läpple: Produktion zurück in die Stadt. In: Stadtbauwelt 211, 35.2016, Seite 22-28

▶ Zum zweiten werden industrielle Produktionen durch kleinere Betriebsgrößen, Digitalisierung, geringere Emissionen und neue Logistiksysteme stadtverträglicher.

▶ Zum dritten machen die Unwägbarkeiten der Globalisierung und die Entgrenzung von Arbeit und Leben eine größere Nähe zu Arbeitskräften und Kooperationspartnern, generell die Rückbettung der Produktion in die stützenden Netze und das anregende urbane Milieu ⬆ der Stadt notwendig.[4] Die künftige Wissensgesellschaft wird also auch Industrie- und Dienstleistungsgesellschaft sein, und wie diese wird sie sich in den Städten konzentrieren.

WISSENSCHAFTSSTADT

Drei Anmerkungen zu diesem Begriff, und alle drei sind nicht ohne Ambivalenzen für das Selbstverständnis Heidelbergs.

▶ STADT ALS PARTNER DER WISSENSCHAFT

Die Wissenschaftsstadt impliziert die enge Kooperation zweier autonomer Systeme auf administrativer, planerischer und entwicklungspolitischer Ebene. Die Partnerschaft von Universität und Stadt wird oft und mit guten Gründen als Seelenverwandtschaft von Wissenschaft und Urbanität ⬆ dargestellt. Doch der hohe Ton, in dem dieses schöne Lied gesungen wird, lässt leicht vergessen, dass es dabei um handfeste und keineswegs konfliktfreie Interessen geht. Die Stadt erwartet von der Universität hochqualifizierte Arbeitsplätze, zivilisierte Bürger, gute Studienmöglichkeiten, Steuereinnahmen und eine Bereicherung des kulturellen Lebens. Das bekommt Heidelberg auch in Hülle und Fülle. Aber all das gibt es nicht umsonst. Wissenschaft ist im besonderen Maß nicht prognostizierbar. Forschungseinrichtungen müssen deshalb auch baulich in kürzester Zeit reagieren können. Wissenschaft benötigt für ihre sehr spezifischen Anforderungen möglichst große, flexibel nutzbare, gut erschlossene Flächenreserven ohne planerische Auflagen. Das kann zu den Prinzipien geordneter Stadtentwicklung in Widerspruch geraten.

Wissenschaftler sind in besonderem Maß mobil. Wissenschaftliche Karrieren sind ohne mehrfache Ortswechsel kaum denkbar. Wer sich aber wie Studenten und Wissenschaftler nur vorübergehend in einer Stadt aufhält, wird wenig Interesse für diese entwickeln. Für ihn hat die Stadt Hotelfunktion, und welcher Hotelgast möchte während seines Aufenthalts mit den Problemen des Hotelmanagements belästigt werden?

Wissenschaftler führen ein in besonderem Maße berufszentriertes Leben. Dazu brauchen sie Entlastung von außerberuflichen Verpflichtungen. Das war früher und nur für den Mann durch die traditionelle Arbeitsteilung zwischen den Geschlechtern gewährleistet. Heute leistet das die Stadt. Moderne Dienstleistungsstädte können als Maschinen beschrieben werden, die jeden, soweit er über genügend Geld und die nötigen Informationen verfügt, von allen außerberuflichen Arbeiten und Verpflichtungen entlasten.[5] Was Wissenschaftler von der Stadt verlangen, kann mit einem leicht abgewandelten Aphorismus von Karl Kraus auf den Punkt gebracht werden: »Ich verlange von einer Stadt, in der ich leben soll: Asphalt, Straßenspülung, Haustorschlüssel, Luftheizung, Warmwasserleitung, kreativ [statt: gemütlich] bin ich selber«.[6]

Die Entwicklung zur Wissenschaftsstadt birgt Gefahren für den Zusammenhalt der Stadtgesellschaft ⬆. Die *New York Times* hat die Firmensitze der großen Akteure ⬆ der Wissensgesellschaft beschrieben als in einer feindlichen Umge-

---

4) Walter Siebel: Die Kultur der Stadt, 3: Berlin 2019, Seite 161 ff. (1: 2015)

5) ebda., Seite 109 ff.

6) Karl Kraus, in: Die Fackel, Ausgabe 315-316 | 1911, Seite 35

bung gelandete Raumschiffe.⁷⁾ Das Bild wäre für deutsche Universitäten völlig überzogen. Aber die Zukunft der Wissenschaftsstadt könnte – forciert durch die Globalisierung – in eine soziale, ökonomische, kulturelle und politische Spaltung der Stadtgesellschaft ⬥ führen. Am oberen Pol eine akademische Welt, deren Angehörige sich international orientieren, die Stadt vornehmlich als Hotel und Dienstleistungsmaschine in Anspruch nehmen, ihre Kinder auf exklusive internationale Schulen schicken und im Übrigen in Ruhe arbeiten wollen. Am entgegengesetzten Pol die nicht minder internationalisierte Welt der Migranten und der Niedrig-Qualifizierten, die den Angehörigen der ersten Welt den Rücken frei halten für Forschung und Karriere oder gänzlich aus den ökonomischen, sozialen und kulturellen Zusammenhängen der Stadtgesellschaft ausgegrenzt sind. Und dazwischen die Mittelschicht der Stadt, die sich nach oben und unten mit wachsendem Ressentiment abgrenzt.

Wissen wird zu einer zentralen Triebkraft des gesellschaftlichen Wandels. Nicht zuletzt in Reaktion darauf erstarken antiwissenschaftliche Bewegungen. Die Wissenschaft ist im besonderen Maß globalisiert, ihre Normen sind andere als die der kommunalen Politik, und ihre Sprache ist Englisch. Der Fortschritt der Wissenschaft erzeugt Nicht-Wissen auf Seiten der Nicht-Wissenschaftler. Die Diskrepanz zwischen dem vorhandenen Wissen und dem Wissensstand der Bevölkerung wird immer größer. Aus all diesen Gründen finden die wissenschaftliche Öffentlichkeit und die lokale Öffentlichkeit im wörtlichen und im übertragenen Sinn immer schwerer eine gemeinsame Sprache.

▶ STADT ALS OBJEKT DER WISSENSCHAFT

Planungswissenschaften, Soziologie und Sozialgeographie haben schon immer Stadt und städtisches Leben beobachtet und – wenn es gut ging – mit ihren Erkenntnissen geholfen, Stadt und städtisches Leben zum Besseren zu verändern. Die Digitalisierung aller Lebensbereiche zusammen mit der Installation engmaschiger Überwachungssysteme bergen dagegen das Potenzial für sehr viel weitergehende und ambivalente Veränderungen: Die Stadt und das Leben ihrer Bewohner würden in all ihren Facetten zu einem Objekt dauernder und unentrinnbarer Beobachtung. Das bedeutet, dass zentrale Elemente der urbanen ⬥ Lebensweise, der Schutz der Anonymität und die Polarität von Öffentlichkeit und Privatheit, aufgehoben würden, ohne dass die Betroffenen dies bemerken oder gar kontrollieren könnten. Chicago ist bereits auf diesem Weg, sich selbst als Forschungslabor zu organisieren, und zwar für Forscher und Unternehmen.⁸⁾ Das städtische »Leben zum wissenschaftlichen Experimentierfeld« zu machen, ist ein hoch ambivalentes Vorhaben: für Sozialforscher wie für Unternehmen ein Traum, für die Bürger der Europäischen Stadt ein Albtraum Orwell'schen Ausmaßes.

▶ STADT ALS RESSOURCE DER WISSENSCHAFT

Wissenschaftliche Fortschritte werden in erster Linie in der kreativen Interpretation von Daten erzielt. Dazu ist ein Wissen besonderer Qualität gefordert, ein Hintergrundwissen oder *Tacit Knowledge* ⬥, das unter anderem in innovativen Milieus ⬥ geschaffen, bewahrt und weitergegeben wird.⁹⁾ Merkmale innovati-

---

7) Heinrich Wefing: Alles Verfahren? Partizipation oder ein Gefühl von Demokratie. In: Die Wissensstadt von morgen. IBA_LOGbuch Nº 1, Zürich 2017, Seite 20-21

8) Die Stadt von Übermorgen. Informationen zur Raumentwicklung. 4.2015 (www.bbsr.bund.de/BBSR/DE/Veroeffentlichungen/IzR/2015/4/Inhalt/inhalt.html?nn=422250, aufgerufen am 22. Mai 2019)

9) Roberto Camagni: Local `milieu´, uncertainty and innovation networks: towards a new dynamic theory of economic space. In: Roberto Camagni (Hrsg.): Innovation Networks: Spatial Perspectives, London / New York, 1991, Seite 336 f.

ver Milieus sind: Mischung, Vielfalt, eine prekäre Balance von Vertrautheit und Fremdheit, Nähe und Distanz, Konkurrenz und Kooperation, Verankerung in der Tradition und Offenheit gegenüber dem Neuen, hohe Chancen für zufällige, ungeplante Kontakte und so weiter. Innovative Milieus ⬥ finden sich vor allem in den Städten, und die Merkmale, mit denen sie beschrieben werden, ähneln verblüffend den Merkmalen des Idealtypus' europäischer Urbanität ⬥. Das legt die Vermutung nahe, dass es nicht nur inselhafte Milieus in der Stadt sind, die für eine besondere kulturelle Produktivität und Innovationskraft der Stadt verantwortlich sind, sondern Merkmale der Stadt selber.

Städte sind von jeher Kristallisationspunkte von Informationen und Kontakten. Läpple nennt die Stadt einen »Zufallsgenerator für Kontakte, Informationen und Gelegenheiten«.10) Aber die Stadt leistet noch weit mehr: Stadterfahrung per se gibt Anlass für die kritische Reflexion des scheinbar Selbstverständlichen und Gewohnten.11) Damit ist Stadterfahrung eine mögliche Quelle von Kreativität und Innovation.

Stadt ist Erinnerungsraum. Ihre Gebäude, Straßen und Plätze halten die Erinnerung an frühere, ganz andere Formen städtischen Lebens wach. Wer die Stadt wie ein Palimpsest, wie ein mehrfach überschriebenes Pergament zu lesen versteht, der kann erfahren, wie am selben Ort zu früheren Zeiten ganz anders gelebt, gearbeitet, gedacht und geglaubt wurde. Eine ähnliche Erfahrung kann der Gang durch die verschiedenen Milieus einer Stadt vermitteln.

Moderne Städte sind als ein Mosaik kultureller Dörfer beschrieben worden, das sich zusammensetzt aus den ethnischen Kolonien der Zuwanderer wie aus den teilweise durchaus befremdlichen autochthonen ⬥ Milieus der Künstler und Studenten, der Obdachlosen, der Homosexuellen, der Kleinbürger oder der internationalen Arbeitsmarkteliten.

Die Erfahrung, dass am selben Ort, vielleicht sogar im selben Gebäude zu anderen Zeiten ganz anders gelebt wurde, und dass zur selben Zeit, aber an anderen Orten der Stadt ganz anders gelebt wird, legt den Gedanken nahe, dass auch die eigene Lebensweise nur eine von vielen Möglichkeiten der Stadt ausdrückt. Das schafft Distanz zu den eigenen Routinen und Gewissheiten. Stadterfahrung ist eine Schule kritischer Reflexion und damit eine Voraussetzung von Innovation und Kreativität. Das Motto der IBA Heidelberg kann auch umgekehrt werden: Stadt schafft Wissen.

DIE ROLLE DER IBA HEIDELBERG

Die Stadt als Ressource der Wissenschaft wird meines Wissens in der IBA bisher nur im Rahmen eines Projekts des *Nosing Around* in der Heidelberger Altstadt thematisiert. Es ist auch fraglich, ob mehr nötig ist. »Kreative Milieus« stehen seit Jahren im Fokus von Stadtforschung, niemand braucht eine IBA, um Aufmerksamkeit dafür zu wecken. Und ob kreative Milieus ein geeignetes Objekt der Stadtpolitik sind, kann man bezweifeln. Ihre informellen Strukturen entstehen im Nebenher und brauchen weniger Interventionen als in Ruhe gelassen zu werden. Die Stadt als Objekt der Wissenschaft ist eine Voraussetzung für jede IBA, aber kein Thema für eine IBA. Eine IBA soll die Ergebnisse der Stadtforschung nutzen, aber nicht erzeugen. Sicher ist es sehr wünschenswert, wenn die IBA Heidelberg systematisch wissenschaftlich beobachtet würde. Aber die Evaluation eines Prozesses kann nicht von den Prozessbeteiligten organisiert werden.

---

10) Dieter Läpple: Diversität und Offenheit. In: Der Architekt 5/17, Seite 50

11) siehe Anm. 4, Seite 380 f.

Bleibt die Partnerschaft von Wissenschaft und Stadt als zentrales Thema. Dass es ein konfliktreiches Thema ist, wurde oben schon angesprochen: konfligierende Interessen von Stadt und Wissenschaft, das strukturelle Desinteresse von Wissenschaft an ihrem Ort, die Tendenzen einer sozialen Spaltung, die zunehmende Diskrepanz zwischen Wissenschaft und Alltagswissen. Aus manchen Äußerungen von Heidelberger Akteuren ⬥ kann man die Besorgnis oder gar »Verzweiflung« über eine wachsende soziale und kulturelle Kluft zwischen der wissenschaftlichen Gemeinschaft, der Stadtbürgerschaft und der Stadt heraushören.

WAS LEISTET DIE IBA?

Die Tatsache, dass die Stadt diese IBA überhaupt eingerichtet hat, zeugt vom Willen, die hier angesprochene Kluft zu verringern. Die IBA soll als Brückenbauer zwischen Wissenschaft und Stadtgesellschaft ⬥ den Weg in die Zukunft einer Wissenschaftsstadt frei machen.

▶ Die IBA konkretisiert ihr Thema erstens in ihren PROZESSEN. Sie bemüht sich auf vielfältige Weise, Wissenschaftler, Bürger, die Fachleute der Stadtverwaltung und internationale Experten in ihre Vorhaben einzubeziehen. Sie organisiert dazu Anhörungen, Wettbewerbe, Workshops, Begehungen etc.. Auch die Fülle der Veranstaltungen während der Zwischenpräsentation 2018 war ein Beleg für die Bereitschaft der Akteure aus Wissenschaft und Stadt, auf diesem Weg mit zu gehen.

▶ Die IBA konkretisiert ihr Thema zweitens durch ORGANISATION. Die Einrichtung des FORUM_WISSENSCHAFTEN ist ein wichtiger Schritt in Richtung einer institutionalisierten Kooperation zwischen Stadt und Wissenschaft, wie sie in anderen Universitätsstädten – beispielsweise Darmstadt – schon existiert. Es wurde mit dem Anspruch gegründet, ein »dritter Ort« zu werden, wo die wissenschaftliche Gemeinschaft und die Stadt gemeinsam ein Leitbild für die Wissensstadt der Zukunft entwerfen. Was sind die insbesondere städtebaulichen Voraussetzungen der kommenden Wissensgesellschaft und welche Folgen hat diese für die Stadt? Demselben Ziel dienen regelmäßige Treffen hochrangiger Vertreter der Städte, der Universitäten, der Wirtschaft und der Planung aus den *Knowledge Pearls* ⬥ (siehe Seite 112). IBA-FORUM und IBA_SUMMIT sollen über die IBA hinaus bestehen bleiben. Schließlich hat sich innerhalb der Heidelberger Verwaltung unter Leitung des Bürgermeisters ein mit Vertretern aller Ressorts besetztes agiles Team ⬥ gebildet, das wöchentlich einen Tag IBA-bezogene und verwandte Themen diskutiert.

▶ Die dritte Ebene, auf der die IBA dazu beiträgt, die Kluft zwischen Wissenschaft und Stadtgesellschaft zu schließen, sind die IBA-PROJEKTE. Die IBA ist an mehreren großen Bauvorhaben mit Bezug zur Wissensgesellschaft beteiligt. Sie drängt dabei auf eine transparente Architektur, die die Öffnung zur Stadt ästhetisch signalisiert, aber auch auf fließende funktionale Übergänge zwischen den Institutionen der Wissensgesellschaft und der Stadt. Dem dienen zum Beispiel Cafés, die auch der Allgemeinheit zugänglich sind – wie in der Sammlung Prinzhorn (siehe Seite 46); und die Einrichtung von bestimmten Abteilungen in besonderen Räumen, in denen Wissenschaft der allgemeinen Öffentlichkeit näher gebracht werden soll – wie im EMBL (siehe Seite 40).

Schon die innerwissenschaftliche Diskussion über Fächergrenzen hinweg stößt auf Schwierigkeiten. Die Aufteilung der Universität auf drei Standorte macht das nicht leichter. Die städtebauliche Öffnung und Einbindung der Institutionen der Wissenschaft in die Stadt gestaltet sich erst recht schwierig. Gründe dafür sind oben genannt. Besonders deutlich wird das in der großen Distanz naturwissenschaftlicher Grundlagenforschung zum Alltag der Stadtgesellschaft ⬆, die Naturwissenschaftler vor allem an innerwissenschaftlicher Kommunikation interessiert sein lässt. Es gibt aber auch handfeste technische Ursachen. Naturwissenschaftliche Forschung stellt sehr hohe und sehr spezifische Anforderungen an entsprechend spezialisierte Infrastrukturen und generell an ihren Standort, sehr aufwendige Vorkehrungen gegen Erschütterungen durch Bahnen oder Schwerlastverkehr sind unerlässlich. Diese kulturell und funktional begründete Distanz zur Stadtgesellschaft manifestiert sich räumlich als eine Art »Gewerbegebiet Wissenschaft«, zu dem die Städter nur als »Kunden« etwa der Kliniken Zugang haben und für das die Universität wie jeder große Gewerbebetrieb möglichst weite Flächenpotenziale für künftige Erweiterungen beansprucht. Die IBA ist an der Formulierung des Masterplans ⬆ für das Neuenheimer Feld bislang nur peripher ⬆ beteiligt. Es wird interessant sein, zu sehen, inwieweit und auf welche Weise es gelingt, auch die Naturwissenschaften auf dem Neuenheimer Feld stärker mit der Stadt räumlich, sozial und kulturell zu verflechten und umgekehrt innerhalb des naturwissenschaftlichen Campus' ⬆ urbane ⬆ Qualitäten zu schaffen.

AN ORT UND STELLE

In wieweit es der IBA gelungen ist, ihr Thema Wissenschaftsstadt zu konkretisieren, diskutiere ich in diesem LOGbuch an fünf Projekten: Museum Prinzhorn, Collegium Academicum, EMBL, Campus Bergheim, Heidelberg Convention Center.[12] Das Thema der IBA Heidelberg ist so weit gefasst, dass sich leicht passende Projekte entdecken lassen, auch in vielen anderen Städten der Bundesrepublik. Die fünf genannten Projekte können aber beanspruchen, eine exemplarische Konkretisierung des Themas »Stadt der Wissenschaften« zu bieten, die sich so in anderen Städten nicht findet. Allerdings, keines dieser Projekte ist von der IBA initiiert worden, und wahrscheinlich würden mit Ausnahme des Collegium Academicum alle auch ohne die Unterstützung durch die IBA realisiert werden. Die Planung für den Campus Bergheim läuft sogar schon seit 1985, und einige Gebäude sind bereits bezogen. Welche Rolle kann die IBA da noch spielen?

INSTRUMENT – KEINE STRATEGIE

Es wäre wenig sinnvoll, die Leistungen der IBA Heidelberg etwa an denen der IBA Emscher Park zu messen. Dazu sind ihre Rahmenbedingungen zu schlecht. Es kann nur um die Frage gehen, was die IBA Heidelberg unter den gegebenen finanziellen, personellen und organisatorischen Bedingungen leisten kann. Das in Rechnung gestellt, leistet sie viel. Es ist auch nicht Aufgabe einer IBA, unter Ausnahmebedingungen ideale Lösungen zu formulieren und diese dann machtvoll umzusetzen. Das Schicksal Sabbionetas, einer Idealstadt, die Vespasiano Gonzaga im 16. Jahrhundert erbaut hat, kann da als Warnung dienen. Nach dem Tod ihres Gründers verfiel sie zur menschenleeren Kulisse.[13] Implantate, die nicht in der sie umgebenden Gesellschaft verankert sind, haben keine Aussicht, ihre Initiatoren zu überleben. Auch in den »heroischen Zeiten« der IBA ging es immer darum, in einer Ausnahmesituation Lösungen zu finden, die unter Alltagsbedingungen funktionieren. Das zwingt dazu, vorhandene Initiativen aufzugreifen und mit den lokalen Akteuren ⬆ zu kooperieren. Die IBA ist ein Instrument zur Qualifizierung endogener Potenziale, keine Machtstrategie, die ideale Lösungen importiert und unter Ausnahmebedingungen durchsetzt. Das heißt nun nicht, eine IBA sei umso besser, je weniger sie zu melden hat. Je mehr das IBA-Label mit der sicheren Aus-

---

12) siehe Seite 38 - 47

13) Geritt Confurius: Sabbioneta – oder die schöne Kunst der Stadtgründung. München / Wien, 1984

sicht auf Geld und internationale Aufmerksamkeit verbunden ist, desto attraktiver wird es für lokale wie internationale Akteure, sich auf die Qualitätszumutungen einer IBA einzulassen.

▶   Eine IBA soll Lösungen entwickeln, die unter Alltagsbedingungen an konkreten Orten funktionieren. Eine IBA kann keine Initiativen ins Leben rufen. Sie hat die Funktion der sokratischen Mäeutikä, der Hebammenkunst, die das Zukunftsfähige in der Gegenwart entdeckt und den noch unfertigen Vorhaben hilft, sich zu professionalisieren.
▶   Eine IBA ist eine Strategie zur Qualifizierung der endogenen Potenziale. Um Projekte zu qualifizieren, muss man frühzeitig in sie eingebunden sein. Für einige Projekte ist die IBA recht spät ins Leben gerufen worden. Aber die IBA war immerhin vor wichtigen Wettbewerbsentscheidungen eingebunden, und auch beim Campus ⬥ Bergheim sind noch grundsätzliche städtebauliche Fragen offen.
▶   Die IBA wirkt nach Auskunft der Akteure in allen Projekten als Ideengeber. Sie hat die Anforderungen an die Programmatik der Projekte und an die architektonische und städtebauliche Qualität erhöht.

VERFAHRENSQUALITÄT

Die IBA hat in allen Projekten dazu beigetragen, die Verfahrensqualität zu erhöhen: durch die Verschränkung von dialogischen und konkurrierenden Verfahren, durch Workshops zur Programmatik und deren baulicher Umsetzung, durch die Einbindung möglichst aller Akteure sowie von Experten aus dem In- und Ausland.

Die IBA kann Türen öffnen. Das Label IBA erleichtert den Zugang zu wichtigen Akteuren der Stadt. Damit hat die IBA Heidelberg insbesondere den weniger in der Stadt vernetzten Initiativen geholfen.

IBA erleichtert die Finanzierung. Sponsoren sind nicht nur ideell an den von ihnen geförderten Projekten interessiert, sie versprechen sich auch Image-Gewinne von ihrem Engagement. Das IBA-Etikett verschafft einem Projekt Aufmerksamkeit und macht es dadurch für Sponsoren interessanter. Auch gelingt es einem IBA-Projekt leichter, sich im Wettbewerb um Fördermittel von Land, Bund und EU zu behaupten. Die IBA war ein Argument für die Vergabe von sechseinhalb Millionen Euro Städtebauförderung ⬥ für das Patrick-Henry-Village. Die Tatsache, den Zugang zu Bundesmitteln ermöglicht zu haben, hat wiederum das Prestige der IBA in der Stadtgesellschaft ⬥ und in der lokalen Politik gestärkt.

ÖFFENTLICHKEIT

Die IBA ist eine Bühne, auf der alle Akteure lokale, nationale und internationale Aufmerksamkeit und Ansehen gewinnen können, die wohl neben Geld wichtigste Motivation, sich an einer IBA zu beteiligen. Und am Austragungsort einer IBA zu sein, bedeutet Anerkennung für die Bürger, die sich zum Teil schon seit Jahrzehnten ehrenamtlich für das Museum Prinzhorn, das Heidelberg Convention Center oder das Collegium Academicum engagiert haben.

Die IBA Heidelberg ist ein Labor, um Ideen zu entwickeln, wie die Anforderungen der Wissensgesellschaft mit den funktionalen Erfordernissen der Stadtentwicklung und den ästhetischen Ansprüchen von Architektur und Städtebau versöhnt werden können. Das ist weiß Gott keine einfache Aufgabe. Wie sie gelöst werden könnte, soll im Jahr 2022 an voraussichtlich sechzehn Projekten exemplarisch konkretisiert werden.

Wenn diese Projekte Schule machen, dann kann die Stadt als Campus der Wissensgesellschaft und die Wissenschaft als Teil einer urbanen Gesellschaft fungieren. Und beide, Stadt und Wissenschaft, können dabei gewinnen. ◂

Ein Interview | Friedhelm Schneidewind

GUT GEDACHT

Gut gedacht ist halb gemacht !

»Liebes Publikum an den Bildschirmen und den Holo-Empfängern, liebe Frauen, Männer und nicht Binärgeschlechtliche im Solarnetz! Ich freue mich, heute eine der bedeutendsten Schriftstellerinnen aus dem Bereich der Sci-Fi zur Gästin zu haben. Ihr neues Werk ist ein Sachbuch, das schon mehrere Millionen Male heruntergeladen worden ist, besonders erfolgreich ist es auf dem Mars und auf den Asteroiden. Der etwas kryptische Titel: ›Gut gedacht ist fast gemacht! – Heidelberger Impressionen‹. Lassen wir uns von der Autorin selbst, Tamsine di Schwarz, erklären, wie sie das meint.«

»Ganz einfach: Vieles von dem, was heute unser Leben ausmacht, in den Megacitys und den beschaulichen Touristenstädtchen wie dem alten Heidelberg genauso wie auf unseren Außenstationen im Sonnensystem, haben kluge Leute schon vor Jahrhunderten vorhergesehen, und auch das ist schon lange bekannt.«

»Und warum haben Sie dann ein Buch darüber geschrieben? Vor allem: Was hat das mit Heidelberg zu tun?«

»Anlässlich der 800-Jahr-Feier der Universität Heidelberg hat die Stadt, die als Literaturstadt bekannt ist, ein Stipendium ausgeschrieben. Für ein halbes Jahr wohnte ich auf dem Heidelberger Schloss, war sozusagen die Schloss- oder Turmschreiberin. Und in dieser Zeit habe ich vor allem über die Stadtgeschichte im Zusammenhang mit Voraussagen in der SciFi recherchiert.«

»Unser Publikum wäre sicher dankbar für ein paar Hintergrundinformationen, ich glaube nicht, dass mensch auf den Asteroiden weiß, was das Besondere an Heidelberg ist.«

»Nun, vor allem natürlich, dass es noch existiert! Vor 150 Jahren, also im Jahr 2036, gab es auf der Erde etwa 4.000 Großstädte mit mehr als 100.000 Menschen, auch Heidelberg gehörte dazu. Heute existiert nicht einmal mehr die Hälfte, der Rest ist durch den Klimawandel unbewohnbar: verschlungen vom Meer oder der Wüste.

Heidelberg liegt so günstig, dass es von solchen Extrembedingungen verschont geblieben ist. Aber das Besondere an dieser Stadt ist etwas anderes: Es ist eine wirklich alte Stadt mit hohem touristischem Reiz, und doch ist sie hochmodern. Dort hat man bereits in den ersten Jahrzehnten des 21. Jahrhunderts versucht, so weit es einer solchen kleinen Großstadt möglich ist, dem Klimawandel entgegenzuwirken, zum Beispiel mit energieneutralem Bauen und Wohnen, und zugleich damals moderne Entwicklungen wie die Digitalisierung und die Vernetzung ins Stadtleben zu integrieren.

... IST FAST GEMACHT!

Das beschreibe ich, aber der Hauptteil meines Buches beschäftigt sich damit, wie viele dieser Dinge von SciFi-Schreibenden schon lange vorher beschrieben worden waren – wobei diese keine Vorhersagen machen, sondern Möglichkeiten aufzeigen.«

»Bitte, Frau di Schwarz, nennen Sie uns doch ein paar Beispiele.«

»Gerne. Eine Stadt, in der Menschen in unterirdischen Räumen vor Bildschirmen sitzen und über eine unseren Messengern ähnliche Technik kommunizieren, beschrieb schon E. M. Forster 1909 in seiner Kurzgeschichte ›Die Maschine steht still‹.
Im Roman ›Die programmierten Musen‹ von Fritz Leiber von 1962 verfassen Rechner Nachrichten und Geschichten, was für uns heute selbstverständlich ist.
John Brunner beschreibt in seinem 1975 erschienenen Meisterwerk ›Der Schockwellenreiter‹ von Internet bis Computerviren und -würmern vieles, was erst Jahrzehnte später realisiert wurde.
Moderne Kommunikationsformen spielen auch in ›Ökotopia‹ von Ernest Callenbach eine Rolle, aber vor allem nimmt diese Utopie schon 1975 das meiste vorweg, was Heidelberg vierzig Jahre später umzusetzen versuchte: umweltschonendes Energiemanagement, reparaturfreundliche Technik, nachhaltiges Bauen.
Gerade zum Thema Wohnen und Stadtentwicklung gibt es zahlreiche Ideen in Romanen und Filmen, schon im 19. Jahrhundert. Beliebt ist das Wohnen in unterirdischen Städten oder auch unter Wasser wie in der frühen SciFi-Serie ›Raumpatrouille‹ von 1966. Die zeigte auch schon Probleme, die entstehen können, wenn Roboter sich gegen Menschen wenden.«

»Kann ich das so zusammenfassen: Schon seit Jahrhunderten werden in Geschichten und Romanen, die sich mit der Zukunft beschäftigen, Dinge beschrieben, die es zum Zeitpunkt ihrer Entstehung nicht gab oder die noch nicht einmal geplant waren?«

»Das ist nur der erste Teil meiner Kernaussage. Der wichtigere ist dies: Lasst eure Phantasie spielen, denn sie befördert die Kreativität weitaus mehr als trockenes Konstruieren und Planen, sie eröffnet Möglichkeiten und Visionen, an die ihr sonst nie gedacht hättet.
Vor allem aber: Nutzt die Fantasie und die Ideen der Anderen, also: Schaut die richtigen Filme, lest die richtigen Bücher!« ◂

Friedhelm Schneidewind (*1958), freier Autor, Musiker und Dozent. Zahlreiche Bücher, Artikel und Essays, außerdem Lieder, Fantasy- und Science-Fiction-Geschichten. Lebt in Mannheim.

Michael Braum, Carl Zillich

IBA Halbzeit
Wie geht es weiter?

Eine IBA soll Zukunftsfragen des gesellschaftlichen Wandels auf städtebauliche und architektonische Implikationen beziehen und in einem Ausnahmezustand auf Zeit als städtebauliches Laboratorium für eine Next Practice wirken. So steht es im Memorandum zur Zukunft Internationaler Bauausstellungen. Wie weit sind wir nach den ersten sechs Jahren diesem Anspruch gerecht geworden?

Die Zwischenpräsentation erlaubt, über ein möglicherweise veränderndes Verständnis einer IBA im 21. Jahrhundert nachzudenken.

Als IBA »neuen Typs« und mit einem Projektaufruf *bottom-up* gestartet, dabei ausschließlich von der Stadt Heidelberg finanziert und ohne Investitionsbudget ausgestattet, musste sich das IBA-Selbstverständnis gründlich ändern. Die ersten fünf »Lehrjahre« waren getrieben von und teilweise auch zerrieben zwischen unterschiedlichen Erwartungen der Beteiligten: der Stadtgesellschaft ♦, der Politik und der Verwaltung, der Universität, dem Land Baden-Württemberg und dem Expertenrat des Bundes. Die IBA war zugleich auf der Suche nach Hebeln jenseits des Geldes, die einer Exzellenzinitiative angemessen sind. Die Heidelberger IBA war zudem aus einer Flut von Marketingstrategien in Sachen Baukultur zu trennen.

Umso bedeutender ist die Rolle der Projektträger einzuschätzen, die einer IBA ohne Demonstrationsraum ihr Vertrauen geschenkt haben und sich inhaltlich aus einem Meer unerfüllbarer Projektideen, die in irgendeiner Weise etwas mit dem IBA-Motto Wissen | schafft | Stadt zu tun hatten, abheben konnten. Wie in diesem Buch präsentiert, sind bauerfahrene wie zivilgesellschaftliche ♦ Bauherren darunter, deren Bedarf an IBA-Expertisen kaum unterschiedlicher hätte sein können. Erst als die Kompetenz des IBA-Teams unter Beweis gestellt war, öffnete sich ein Möglichkeitsraum ♦, der die IBA Heidelberg inzwischen zu einem anerkannten *Urban Think Tank* in Sachen Städtebau und Architektur für Zukunftsfragen einer *Next Practice* ♦ in der Wissensgesellschaft des 21. Jahrhunderts gemacht hat. So interpretierte die IBA als eine Art »Reallabor« die Erwartungen der Fachöffentlichkeit, repräsentiert durch den Expertenrat des Bundes, und die Möglichkeiten, die sich entsprechend ihrem Budget aus örtlichen Bedingungen ergaben, neu.

Wir entschieden uns, mit inhaltlicher Unterstützung des Kuratoriums, daran zu arbeiten, wie sich die Vielfalt der Europäischen Stadt in der Wissensgesellschaft verändern wird, welchen Beitrag die Stadt Heidelberg dazu auf welchen Maßstabsebenen leisten kann und welche Projektpartner wir brauchen, um sie zu beantworten. Dazu suchten und suchen wir über die Stadt hinaus Bündnisse mit Bund und Land, um Referenzprojekte für eine *Next Practice* ♦ zu finanzieren.

Schließlich ergänzen wir unsere Projekte durch Demonstrationsräume ⬩, innerhalb derer wir die erforderlichen Veränderungen der Stadt in der Wissensgesellschaft in unterschiedlichen städtebaulichen Kontexten aufzeigen können. Ziel ist, zur Endpräsentation 2022 unterschiedliche, passgenaue Vorgehensweisen konzipiert und in Teilen konkretisiert zu haben, um notwendige Transformationsprozesse unterschiedlicher urbaner Wissensquartiere differenziert darstellen und – über die Laufzeit der IBA hinaus – steuern zu können.

Das »Flaggschiff« dieser zusätzlichen Programmatik der IBA ist die »PH-Vision« (siehe Seite 94 f). Hierzu entwickelte die IBA eine Prozessstruktur, die zunächst szenarienbasiert und dann als dialogischer, interdisziplinärer Masterplanungsprozess ⬩ auf räumlicher und *Governance* ⬩ -Ebene eine *Next Practice* im Städtebau tatsächlich praktiziert. Unter der inhaltlichen Leitung der IBA kooperiert dabei ein großes Spektrum von Planungsbüros mit einem agilen Team ⬩, das sich aus unterschiedlichen Vertretern der Verwaltung zusammensetzt, in einem experimentellen Prozess und gewährleistet dessen mittel- bis langfristige Implementation in die Verwaltungsstrukturen.

Die Wissensstadt von morgen im Bestand sichtbar und planbar zu machen, ist das Ziel des Demonstrationsraums ⬩ Bergheim, ein gründerzeitlich geprägter Stadtteil unter enormem Transformationsdruck mit einer Vielzahl von Wissens- und Bildungseinrichtungen. Hier begleitet die IBA gemeinsam mit der Stadtverwaltung konkrete Projektentwicklungen auf unterschiedlichen Maßstabsebenen, um bis 2022 Methoden und Instrumente des Städtebaus aufzeigen zu können, die über jene der Städtebauförderung ⬩ hinausgehen und in Heidelberg und andernorts Anwendung finden können.

Darüber hinaus sind drei weitere Demonstrationsräume mit spezifischer Rahmensetzung vorgesehen.

▶ Anhand des Nukleus der *Knowledge Pearl* ⬩, der Heidelberger Altstadt, sollen methodische Bausteine entwickelt werden, die auf deren Besonderheiten und das Nebeneinander von wissenschaftlichen Einrichtungen, *Craftmanship* ⬩ und Tourismus abzielen – als Entwicklungsimpuls für die Altstadt als urbanes Wissensquartier auch des 21. Jahrhunderts.

▶ Beim klassischen Wissenschaftscampus der Nachkriegsmoderne, dem Neuenheimer Feld, ist die IBA teilhabender Beobachter eines von Stadt, Land und Universität gemeinsam aufgesetzten ambitionierten Masterplanungsprozesses ⬩, der dazu beitragen soll, die Zielkonflikte der beteiligten Institutionen unter Einbeziehung der Öffentlichkeit und zahlreicher *Stakeholder* ⬩ zu bereinigen.

▶ Nicht zuletzt muss mit dem IBA-Projekt »Imaging Center« Aufmerksamkeit auf die Typologie des »Kartäuser Campus« ⬩ gelenkt werden. Im Odenwald und am Berg gelegen, bilden das European Molecular Biology Laboratory und das Max Planck Institut für Astronomie und Kernphysik einen unvollendeten Campus, dessen Ursprung in den 1970er Jahren liegt und dessen Eigenlogik und räumliche Bezüge zum Umfeld es zu untersuchen gilt.

Diese gesellschaftlichen wie räumlichen Fragen der Wissenschaften an die Zukunft unserer Städte werden bis 2022 zudem, auf Initiative der IBA Heidelberg, vom Land Baden-Württemberg gefördert. Mit dem »Labor Wissen + Stadt« soll in Koproduktion mit den wissenschaftlichen Institutionen Heidelbergs eine Entwicklungsstrategie der Wissensstadt von morgen entworfen werden.

So wollen wir 2022 ein breites Spektrum von räumlichen Antworten auf Fragen zur Stadtentwicklung in der Wissensgesellschaft geben: Viele gebaute, einige geplante und wichtige durchdachte Beispiele bilden unser Ziel. ◀

Zeitlupe | Jagoda Marinić

WARTEN AUF MEIN HEIDELBERG

Es gab eine Zeit, da saß ich nachts in den Rundbögen unterhalb des Schlossgartens und blickte auf die Dächer von Heidelberg. Es gab eine Zeit, da ging ich an stillen Tagen ans Ufer nahe der Stadthalle und ließ mich in einem kleinen Boot ans genüberliegende Ufer fahren. Nur, um für einen Moment nicht auf festem Boden zu stehen. Eines Tages, unbemerkt, gab es den Mann mit dem Boot und seine wackligen Überfahrten nicht mehr. Es gab eine Zeit, da war Heidelberg die Stadt, in der ich drei Mal die Woche in verschiedenen Stadtteilen ins Kino ging. Die meisten der Kinos, die mich die große Leinwand lieben lehrten, gibt es nicht mehr.

Das Europa-Kino, das Schloss-Kino, selbst das Harmonie-Kino in der Hauptstraße, hier habe ich zum ersten Mal Autorenfilme wie Krzysztof Kieslowskis »Bleu« mit Juliette Binoche gesehen – und mich nie wieder entliebt. Das Neckarufer unterhalb des Schlangenwegs hatte noch keine quadratischen Sitzgelegenheiten, dafür lagen bei schönem Wetter nur wenige Menschen auf der Wiese, jene, die hohes Gras nicht scheuten, meist Liebespaare, die im Grün und in den Armen des anderen versanken. An den kleinen Bootsanlegestellen ließ sich außerhalb der Touristensaison einsam der Philosophenweg bewundern, während die Füße knapp über dem Wasser baumelten. Ich mochte dieses verwunschene Heidelberg. Es war langsam, entrückt, wie aus einer anderen Zeit. Dieses Heidelberg gibt es so nicht mehr.

Inzwischen ist an den meisten Stellen, die ich für ihre Stille geliebt habe, »etwas los«. Die Stadt öffnet sich, bietet Orte, Räume, die magnetisch sind, die nicht mehr aufgrund ihrer romantischen Entlegenheit faszinieren, sondern weil sie verschiedene Menschen an einem Ort zusammenbringen. Die Stadt pulsiert heute anders. Ich setze mich nicht mehr an den Neckar, um eine Geschichte zu finden, sondern Menschen und Angebote. Zumindest zwischen Karlstorbahnhof und Bismarckplatz. Ich gebe zu, ich habe dieses vergangene Heidelberg auf seine Art sehr geliebt: Hier lebte man jenseits der Projektitis und des Selbstverwirklichungsdrangs der Großstädte. Ich traf in Bibliotheken oder nachts in den Straßen auf die sonderbarsten, weltentrückten Menschen. Sie tauchten von da an in meinem Alltag immer wieder auf, wie Figuren, über die man schreibt und die einen einfach nicht mehr loslassen. Wenn einer starb oder die Stadt verließ, war man verletzt von der Vergänglichkeit der Welt, denn auf unerklärliche Weise entstand durch die Langsamkeit der Tage der Eindruck, die Zeit vergehe hier nicht.

Doch sie vergeht. Und es steht selbst einer stolzen Stadt wie Heidelberg nicht gut, wenn die Zeit einfach durch sie hindurch zieht. Wenn vor allem jene Menschen weggehen, die mehr im Leben suchen als Vergangenheit und Dornröschen. Heidelberg verändert sich. Es scheinen mehr Menschen hier zu bleiben, die etwas bewegen wollen. Mehr junge Menschen, die Heidelberg als »ihre« Stadt sehen, statt in die Großstädte zu ziehen. Immer mehr Menschen kommen, um hier etwas mit auf den Weg zu bringen. Manchmal fühlt sich das fast störend an, als wäre die Unruhe der Städte in die romantische Provinz gezogen. Manchmal ist es jedoch genau das, was es braucht, um hier atmen zu können. Es hier auszuhalten. Um das Gefühl zu haben, die Stadt weitet sich, es gibt etwas jenseits dieses alten, ehrbahren Kerns.

ZWEITES

Warte

Jagoda Marinić (*1977), Autorin und Kolumnistin. Vielfach ausgezeichnet, lebt in Heidelberg. Zuletzt erschien »SHEROES – Neue Held*innen braucht das Land«.

Warten auf mein zweites Heidelberg

Immer wieder funkeln Gebäude auf wie der Tankturm, an denen ich früher mit dem Fahrrad vorbeifuhr, stehen blieb und mich fragte, was hier wohl einst war, was hier wohl sein könnte. Plötzlich ist da wirklich etwas, ein neuer Ort, an dem Menschen leben, arbeiten, musizieren. So viele Ecken, die brach lagen, werden plötzlich »genutzt«. Temporär oder langfristig. Ich schwanke regelmäßig zwischen der Sehnsucht nach nutzbaren und verlassenen Räumen, weil erstere Reize setzen, doch letztere meist jene Freiräume sind, die Menschen auf ihre eigene Weise nutzen, statt Angebote anzunehmen oder sich Nutzungen vorschreiben zu lassen.

Natürlich höre auch ich, was sich alles noch tun soll. Stadtteile sind am Werden, groß wie die Altstadt. Reißbrett. Ideen. Aufbruch. Chancen. Planungen. Urgewächs? Es gibt Teile der Stadt, die wirken wie offene Wunden, wie aufgerissene Krater. Es gibt noch immer Orte, die man aus reiner Gewohnheit schön findet, doch eigentlich verletzen sie das Auge. So wie der Bahnhof, an dem man ankommen soll und der doch nichts von den Schönheiten verrät, die einen erwarten. Ja, vieles entwickelt sich, und jetzt, da das Verschlafene ohnehin nur noch in entlegensten Ecken zu finden ist, wünsche ich mir, dass die Wunden sich schließen, das eindrucksvolle Bauten sprießen, die uns den Atem rauben und zeigen, dass hier Menschen am Werk sind, die Großes wagen. Die den Menschen in den Mittelpunkt stellen, ihm Räume schaffen.

Doch nach wie vor, trotz allem, was sich bewegt, ist nur die Altstadt in den Sommermonaten so belebt, dass man selbst nachts durch die Gassen spazieren kann und das Gefühl bekommt, hier wird gelebt, geliebt, gelacht, gelitten, getrunken, geraucht, geschimpft und gegrölt. Hier und da sitzen die Schlaf- und Ruhelosen noch zusammen und bieten sich Gesellschaft. Oder Trost. Schaffen sich selbst Räume, zwischen Sandstein und Bordsteinkanten. Jetzt, da mein erstes Heidelberg längst verloren ist, wünsche ich mir, dass sich das zweite, jenes, das am Kommen ist, noch schneller bewegt. Wie wäre das, wenn mehr Orte entstehen, die uns befreien oder gefangen nehmen, beeindrucken oder empören, doch in jedem Fall atmen lassen? Jetzt, da es Bewegung gibt, würde ich gerne dabei zusehen können, wie Heidelberg wächst, in die Höhe und Weite, ins Phantasievolle und Wagemutige. Ich möchte nicht, dass immer wieder die Stand-by-Taste gedrückt wird, oder sich alles plötzlich in Zeitlupe bewegt. Die Zukunft darf die Fantasie nicht überstrapazieren. Etwas will kommen. Das Leben in Heidelberg nähert sich längst der Geschwindigkeit größerer Städte an, es gilt, dem jetzt ein Gesicht zu geben, das dem ersten Heidelberg ähnelt und doch neu ist. Jetzt, denke ich, sollte es ungehindert wachsen, damit das Entstehen spürbarer und sichtbarer wird. Bis man sich, ohne Nostalgie nach der Stadt von gestern, frei im Neuen bewegt.

Wolfgang Bachmann, Ursula Baus

Das Glossar ... ⬆

Begriffe, die auf den folgenden Seiten erläutert werden, sind mit einem gelben Pfeil ⬆ gekennzeichnet.
Ein grauer Pfeil ⬆ weist auf Begriffe, die im Glossar des 2017 veröffentlichten LOGbuchs Nº 1 erklärt worden sind.
Dieses Zeichen > steht für Querverweise innerhalb des Glossars.

Alle Glossar-Begriffe, auch jene aus dem LOGbuch Nº 1, sind unter diesem QR-Code auf der Website der IBA-Heidelberg zu finden.

AGGLOMERATION
Der Begriff ist in Deutschland, anders als bei der UNO, nicht eindeutig definiert. Er bezeichnet einen Ballungsraum aus miteinander verflochtenen, größeren Städten. Aus der Siedlungskonzentration entstehen aufgrund von Standortvorteilen Attraktionseffekte für Unternehmen mit entsprechenden Wachstumsprozessen. Diese privatwirtschaftlichen Ambitionen führen auch zu teils unerwünschten Ergebnissen, weil Kosten für Verkehr, Abfälle und Verschmutzungen von den Verursachern auf die Allgemeinheit abgewälzt werden.

AGILES TEAM
Ist ein T. der Rede wert, wenn es *nicht* agil ist? Bislang setzte man bei T. lebhaftes Miteinander voraus. Das a. T. entstammt der Verwaltung: eine extra geschaffene, dezernatsübergreifende Arbeitsgruppe. Die Mitwirkenden werden dafür berufen und zeitweise freigestellt.

AKKUMULATION
Im sozialistischen Jargon versteht man darunter die Bildung und Verwendung der gesellschaftlich produzierten Güter zur Verbesserung materieller und kultureller Lebensbedingungen. Etwas kokett wird der Begriff in andere Zusammenhänge übertragen, als würde die A. bei den Besitzern oder Verfügungsberechtigten einer Sache (zum Beispiel Wissen ⬆) zu einem immer größeren Gewinn und bei den Ausgeschlossenen allmählich zur Verelendung führen.

AUTOCHTHON
Möchte man eine Aussage mit einer zeitlos gültigen Bedeutung imprägnieren, helfen Attribute, die aus dem Griechischen stammen. A. wird vornehmlich in der Biologie und Geologie verwendet, um ohne anthropogene Einflüsse entstandene Steine oder Organismen zu beschreiben. Von hier aus sind der literarischen Verbreitung des A.en keine Grenzen gesetzt.

BEDARFE
Man hat einen Bedarf oder keinen. Der Plural scheint entbehrlich. Im Verwaltungsdeutsch geht es um B., um die heterogene Nachfrage an Produktions- und Konsumptionsmitteln zwischen gesellschaftlichen Bedürfnissen und privatem Gewinnstreben zu erläutern.

BEST PRACTICE / NEXT PRACTICE

B.P. ist geläufig für »bewährte Vorgehensweise«, »optimales Verfahren«, »Musterlösung«, »Erfolgsmodell«. Zunächst in der Betriebswirtschaft verwendet, setzt sich B.P. inzwischen in der Politik durch. Dagegen umschreibt N. P. das Verlassen bekannter Wege, um für eine Region und eine bestimmte Aufgabe eine Lösung für künftige Anforderungen zu finden.

BLOCKCHAIN

Wie bei vielen Anglizismen führt eine direkte Übersetzung in die Irre. Gemeint ist nicht etwa eine Kette aus Baublöcken. Als B. bezeichnet man vielmehr eine fortschreitend erweiterbare Struktur von Datensätzen, die fälschungssicher miteinander verbunden sind. Wurde mit der Etablierung des digitalen Bezahlnetzwerks Bitcoin als eine Art Buchhaltungssystem bekannt, das von zahllosen persönlichen Computern rund um den Globus verwaltet wird.

BOTTOM-UP

Könnte eine Aufforderung aus Jane Fondas *Aerobic Workout* sein. Bezeichnet jedoch eine Methodik, die im Gegensatz zum *top-down* geänderte Entscheidungshierarchien anzeigt.

BROADACRE CITY

ist ein vom amerikanischen Architekten Frank Lloyd Wright entwickeltes urbanes Konzept. Wright präsentierte seine Idee im Jahr 1932 in dem Artikel »The Disappearing City« und 1935 in Form eines Modells, das einen Ausschnitt von etwa 10 Quadratkilometern seiner Vision architektonisch und städtebaulich abbildet. Das Modell wurde von Studenten in seinem Taliesin Studio gebaut. B. C. könnte als Analogie zum »Weiten Land« verstanden werden, das uns an amerikanische Western als Referenz der Freiheit denken lässt.

CAMPUS

Im Kontext des Städtebaus bezeichnet C. den zusammenhängenden Komplex von Gebäuden und Einrichtungen einer Hochschule. Im Gegensatz zu innerhalb einer (Alt-)Stadt verteilten Instituten und Hörsälen umgibt den C. eine hermetische Aura, er ist ein Ort, von dem die meisten Einwohner sagen würden, dass er mit ihnen nichts zu tun hat. Um zu verhindern, dass Forschungsstätten und Technologieparks zur Enklave einer Parallelgesellschaft werden, suchen die > *Knowledge Pearls* als kleine Unistädte urbane Quartiere zu entwickeln.

CLUSTER

In der Wirtschaftspolitik steht C. für eine Allianz von Ökonomie, Wissenschaft, Regierung und Bürgern (> Quadruple-Helix), die auf Spezialisierungsfeldern zusammenarbeiten. Die Politik geht > proaktiv auf die Teilnehmer zu. C. sind auch in der Medizin, Pharmazie, Informatik, Soziologie und im > Städtebau geläufig. In der > Stadtplanung sind dichte Anordnungen von Gebäuden in einem Quartier gemeint, die eher nach morphologisch kompositorischen Gesichtspunkten als nach der Qualität öffentlicher Räume > agglomeriert sind. Die Bebauung zeichnet sich durch typologische, planerische oder inhaltliche Gemeinsamkeiten aus.

COWORKING-SPACE

Wird gerne als Arbeitsmodell der Zukunft verklärt. Selbstständige, vornehmlich in kreativen Berufen, organisieren leger ihre Arbeitswelt und teilen sich Räume und Geräte zu selbstbestimmten Zeiten mit anderen Arbeitsnomaden. Ein C.-S. ist die bevorzugte Umgebung für > Start-ups. Im Idealfall existiert ein programmatisches, bisweilen familiäres Netzwerk. Ein C.-S. kann zur kulturellen und produktiven Vielfalt eines Stadtviertels beitragen, durch *Gentrification* aber auch die »alternativen« Bewohner der Szene verdrängen.

CRAFTMANSHIP

Klingt als englische Bezeichnung der Handwerkskunst im deutschsprachigen Kontext so, als schäme man sich dafür – außer es ginge um *Craftbeer*. Gemessen an der rechnergestützten (CNC-) Fertigung mutet C. etwas kunstgewerblich an. C. unterscheidet man im Englischen allerdings noch von *Workmanship*, einer geringer bewerteten körperlichen Tätigkeit.

DARSTELLUNG, RENDERING, SIMULATION

Bedarf der Begriff zum Beispiel in der Schauspielkunst kaum einer Erläuterung, so hat er es im Bereich Architektur und Stadt in sich. Um heute u. a. in Beteiligungsprozessen Laien in die Entscheidung über etwas »zu Bauendes« einzubeziehen, werden die Darstellungsraffinessen so komplex, dass sie wiederum nur von Fachleuten als treffend oder trügerisch entlarvt werden können. Die zeitgenössischen Simulationen von Architektur und Stadt reichen in eine verblüffende »virtuelle Realität«: Renderings sehen aus wie Fotos, Filme simulieren den Gang durch Gebäude, mit 3D-Brillen durchschreiten Menschen Räume, die es nicht gibt.

DEMONSTRATIONSRAUM

Darf nicht als genehmigter Ort zur Einhegung sich politisch äußernder Menschen interpretiert werden, etwa wenn Jugendliche der Aktion *Fridays for Future* in eine Turnhalle verbannt werden. Vielmehr geht es um Innen- wie Außenräume unterschiedlicher Größen und Arten, in denen ein Vorhaben, eine Idee, etwas Beispielhaftes real gezeigt werden können.

DENKRAUM

Kraftort für Philosophen, eine Art geistiger > Möglichkeitsraum. Jedenfalls ein Ort, an dem man Donald Trump garantiert nicht begegnet. Wird häufig für Initiativen benutzt, die sich interdisziplinär mit der Lösung konkreter Probleme befassen.

DESIGN THINKING WORKSHOP

Er soll den Entwicklern von Produkten und Geschäftsmodellen helfen, ihre Methodik mit Kreativitätstechniken zu trainieren. Besonders > Start-ups gelten als Zielgruppe, aber auch etablierte Unternehmen, deren Leistungen in den veränderten > Milieus nicht mehr nachgefragt werden. Ein D.T.W. basiert auf der Annahme, dass Menschen unterschiedlicher Disziplinen in einem anregenden Umfeld zusammenarbeiten und aus einer gemeinsamen Fragestellung ein Konzept entwickeln. > Agile Teams werden schon mal in einen D.T.W. geschickt.

ERBPACHT

Das kapitalistische System basiert auf Wachstum. Im Gegensatz zu Gebäuden handelt es sich bei Grundstücken um eine begrenzte Ressource. So haben vor allem SPD-Politiker (etwa Hans-Jochen Vogel) stets die Trennung von beiden Eigentumsarten gefordert, um die Spekulation mit Bauland zu unterbinden. Kommunen sollten sich nicht von ihrem Boden trennen. Beim Erwerb eines Hauses in Erbpacht fällt ein niedriger Kaufpreis an. Als dingliches Recht wird die E. für eine vereinbarte Zeit im Grundbuch, Abt. II, eingetragen (früher oft 99 Jahre).

EXZELLENZ

Anrede für Persönlichkeiten in höherer amtlicher Position (»seine Exzellenz«). E.-Initiative nennt sich ein > Förderprogramm für die Spitzenforschung an deutschen Universitäten, nachdem sich (Bologna-Prozess!) gezeigt hatte, wie schlecht unsere Hochschulen im internationalen Vergleich abschneiden. Elf Unis dürfen als Elite-Hochschulen den Titel E. führen.

FACTS ON THE GROUND

Tatsachen, im Vergleich zu abstrakten Annahmen. Wird in der Politik gerne benutzt, um einen nicht mehr verhandelbaren Zustand zu benennen, sozusagen einen als irreversibel betrachteten Landgewinn als Ausgangspunkt für Verhandlungen.

FÖRDERUNG

Unbestritten ist die F. von Talenten, die aus Kindern Genies machen soll. Im gesellschaftlichen Kontext geht es dabei um die finanzielle Unterstützung politisch intendierter Entwicklungen oder Projekte. Dazu gehören einerseits fragwürdige Subventionen oder von Lobbyisten in die Wege geleitete Steuererleichterungen (etwa beim Kauf von E-Autos), andererseits aufwändige Programme zur Lösung zeittypischer Fehlentwicklungen. Die Städtebauförderung dient beispielsweise dazu, dass verschuldete Kommunen unter bestimmten Bedingungen handlungsfähig bleiben.

HUMAN BRAIN PROJECT

Das Großprojekt der Europäischen Kommission soll ein integriertes Verständnis der Gehirnstrukturen und Gehirnfunktionen mit Hilfe neuartiger Informations- und Kommunikationstechnologien ermöglichen. Großangelegte Kollaborationen von Wissenschaftlern, Experten aus der klinischen Praxis und Ingenieure streben einen Supercomputer an, der das menschliche Gehirn simuliert. Das > neuromorphe Rechnen spielt dabei eine zentrale Rolle – und nicht etwa die Leistungssteigerung des tatsächlichen *Human Brain*.

HYBRIDISIERUNG, HYBRID

Allg. die Verbindung unterschiedlicher Systeme, Technologien, Funktionen (z.B. Wohnen und Arbeiten in einem Quartier, Miet- und Eigentumswohnungen in einem Gebäude, Holz-Beton-Bauweise)

IDENTITÄT

Ein weites (Begriffs-)Feld, das auszubreiten hier nicht der Ort ist. Hingewiesen werden muss darauf, wie beim Gebrauch des Begriffs I. im politischen Alltag und in den Architekturdiskursen die Bedürfnisse und Vorstellungen eines Einzelnen (»Ich«) mit jenen einer Gruppe (»Wir«), ideell und / oder gestalterisch gegeneinander ausgespielt werden. Allgemein beschreibt I. eine emotionale Zugehörigkeit, die auch durch Ausgrenzung des »Anderen« charakterisiert sein kann. Mutmaßlich wird Architektur als I. stiftende Sache überfordert.

IMAGING CENTER

So werden zentrale Einrichtungen bezeichnet, die im weitesten Sinn mit bildgebenden diagnostischen Verfahren arbeiten. Dazu gehören z. B. Ultraschall, Röntgen, Computertomographie. Magnetresonanztomographie. Auch Strahlenheilkunde hat dort ihren Platz und bisweilen auch die Unterrichtung interessierter Laien (Patienten).

IMPLIKATION

Unentbehrlicher Begriff im journalistischen Jargon, um die vertrackte Verbindung von irgendetwas mit irgendetwas anderem oder den unerklärlichen, also selbstverständlichen Einbezug einer Sache nicht weiter erläutern zu müssen.

INTERAKTION, INTERAGIEREN

bezeichnet das aufeinander bezogene Handeln von Akteuren ⇕ oder Systemen, auch zwischen beiden (Mensch-Maschine); im Verhalten von Gruppen gebraucht für Kommunikation.

I

INTERFERENZ
Ursprünglich aus der Physik stammender Begriff, mit dem die Überlagerungserscheinungen beim Zusammentreffen von Wellen bezeichnet werden. In der Linguistik geht es darum, muttersprachliche Strukturen in andere Sprachen zu übernehmen. Interessant ist die Bedeutung der I. in der Ökologie: Da benennt I. die gegenseitige Behinderung von Individuen im Zugang zu einer Ressource.

K

KARTÄUSER CAMPUS
In ironischer Anspielung auf den strengen, eremitischen Kartäuser-Orden benutzte Formulierung, um die Isolation des universitären Lebens in einer wissensklösterlichen Umgebung zu beschreiben.

KNOWLEDGE PEARL
Im Gegensatz zu umtriebigen Wissensmetropolen leben kleine Universitätsstädte von den Vorzügen der benachbarten Großstädte. Am Ort akademischer > Exzellenz besteht allerdings die konkrete Gefahr, dass sich die hier konzentrierten Wissensarbeiter von der »normalen« Bürgerschaft segregieren, während die nachziehenden wissensaffinen Unternehmen den Effekt einer Parallelgesellschaft weiter erhöhen. Als Gegenstrategie bedarf es kreativer Schnittstellen für beide »Welten«, der > Campus wird zu einer städtebaulichen Herausforderung.

KOMPOSIT
In der Blütezeit der (Architektur-)Postmoderne, als für Architekten ein Grundwissen über Säulenordnungen unentbehrlich war, galt das Komposit-Kapitell als beliebte, ironisch adaptierte Schmuckform für (evtl. nicht tragende) Stützwerke. Heute eher negativ in Erinnerung für nicht mehr trennbare Verbundbaustoffe (WDVS, Wärmedämm-Verbund-Systeme). Allgemein als Kurzform von Kompositum, also für eine aus mehreren Elementen zusammengefügte Verbindung, die gestalterisch weniger Schwierigkeiten als bautechnisch bereitet.

KONTINGENZ, KONTINGENT
Oft nebulös und dankbar gebrauchter Begriff, der in vielen Disziplinen der Geisteswissenschaften bis hin zu Gottesbeweisen dazu dient, auf die Möglichkeit und gleichzeitige Nichtnotwendigkeit einer Aussage hinzuweisen. Neben der Logik des Zufälligen beschreibt K. auch die statistische Wahrscheinlichkeit für das gemeinsame Vorkommen zweier Sachverhalte oder Eigenschaften.

KONZEPTVERGABE, KONZEPTVERFAHREN
Der Einfluss einer Gemeinde auf die Gestaltung eines Stadtquartiers ist eingeschränkt, wenn sie die Grundstücke an den höchst bietenden Investor vergibt. Wenn sie dagegen erreichen möchte, dass soziale Belange (Mietpreisgrenzen), geförderter Wohnungsbau, Ökologie, Nutzungsmischung, Mobilitätsmodelle, Freiraumangebot und Architekturqualität Vorrang haben, wird sie ein Konzeptverfahren anstreben. Avantgardistisches Design kann dabei eine untergeordnete Rolle spielen. Baugemeinschaften sind für diese Praxis besonders willkommen, auch die > Erbpacht eignet sich dazu wegen der langfristig möglichen Bindung. Weil das K. wie ein politischer Schachzug wirkt, sollten nicht nur private Grundstückseigentümer dafür gewonnen werden, es könnte auch helfen, den von wirtschaftlichen Sachzwängen gelähmten Kapitalismus menschenfreundlich zu reformieren.

KONVERSIONSFLÄCHEN
In der Stadtplanung die Umdeutung oder Umwandlung bebauter Flächen. In erster Linie versteht man darunter die Sanierung von ehemaligen Kasernen- und Fabrikarealen, vor allem für Wohnzwecke (> Kreativquartier). Aber auch die »natürliche« Rekultivierung von Vorflutern zu Flüssen und von Wäldern zu Bioreservaten. In Heidelberg zählt u. a. das Patrick-Henry-Village dazu.

KREATIVQUARTIER

Städtebauliche Enklave, die meist für unbürgerliche Wohn- und Arbeitsstrukturen in ehemaligen Industrie- oder Militärbrachen gefördert oder geduldet wird. Ob es sich um eine Art Trockenwohnen durch künstlerische Naturen handelt oder damit langfristig schöpferische Talente eine angemessene, inspirierende Umgebung in vorbildlich sanierten Gebäuden finden, lässt sich nicht generell sagen.

LANDSCHAFT

ist im Kontext der Stadt- und Regionalplanung vom romantischen Genre im Sinne der Landschaftsmalerei deutlich abzugrenzen. Weil es keine »Natur« mehr gibt (siehe David Blackbourn: Die Eroberung der Natur), bietet sich die menschengeschaffene L. in Kombination mit anderen Begriffen als etwas ausufernde Bezeichnung an: Stadtlandschaft, Lernraum-Landschaft, Bildungslandschaft, Landschaftsräume u. v. m.. Bezeichnend ist, dass es die Fachdisziplin Landschaftsarchitektur gibt.

LEUCHTTURMPROJEKT

L.e sollen positiv darüber hinweg täuschen, wie jämmerlich die Alltagsarchitektur eines Quartiers, eines Ortes, einer Stadt ist. Als junges Beispiel sei die Elbphilharmonie genannt, die einen schäbigen Speicher am Hamburger Hafen belebt und leuchten lässt. Angelehnt an Frank O. Gehrys Guggenheim-Museum in Bilbao, mit dem man sich auch eine Aufwertung eines Stadtteils erhoffte, spricht man auch vom »Bilbao-Effekt«. Inzwischen wachsen Zweifel, ob L.e in der zeitgenössischen, komplexen und nachhaltigen Stadtentwicklung einen angemessenen Kosten-Nutzen-Effekt mit sich bringen.

LEBENSWISSENSCHAFTEN

Sie umfassen den Bereich, der sich mit Strukturen und Prozessen lebender Organismen sowie deren Verhalten beschäftigt. Neben den verschiedenen (Unter-)Disziplinen der Biologie sind das Medizin und Pharmazie, aber auch Forschungszweige der Ingenieur- und Naturwissenschaften. Die Ergebnisse sind nicht nur für die beteiligten Hochschulen, sondern auch für Politik und Gesellschaft relevant. Literatur und Kunst erschließen das Leben unterhaltsamer.

MASTERPLAN

deutet nicht an, auf welchem Wege Studierende ihren Masterabschluss erreichen können. Als M. bezeichnet man in der > Stadtplanung einen Plan, der eine gewisse Verbindlichkeit für ein scharf umrissenes Gebiet hat. Zum klassischen M. gehören viele formale und sonstige Festlegungen, die ihn heute, in einer prozessorientierten Zeit, antiquiert erscheinen lassen.

MEGATREND

Mit »super« kann man heute keine Aufmerksamkeit mehr gewinnen, also greift man zur nächst höheren Einheit: »mega«. Aber gibt es eine Steigerung von Trend, können wir auf allen Ebenen langfristig in einen unausweichlichen Sog geraten? Und was hilft dagegen? Vielleicht der Gigatrend.

MIETHÄUSERSYNDIKAT

fungiert als Verein und organisatorisches Bindeglied, das Initiativen selbstverwalteter Wohnprojekte berät und Miteigentümer wird – eine gute Sache, auch wenn Syndikate gemeinhin im Zusammenhang mit organisierter Kriminalität (Mafia) erwähnt werden.

MILIEU

Man denkt spontan an Zille und sein Milljöh, an den trotzigen Plebejer in seiner Berliner Kiezkneipe. Allgemein versteht man darunter im Gegensatz zur genetischen Anlage die Umgebung, die einen Menschen prägt (Familie, Schule, Glaubensgemeinschaft, Arbeitsverhältnisse oder Wohnquartier). Es geht nicht nur um geographische, sondern auch um die sozialen

Determinanten (Sitten, Gebräuche, Gesetze). Deshalb wird immer wieder unter wechselnden politischen Vorzeichen diskutiert, wie weit das anthropologisch Gegebene und das kulturell Gewordene unsere Lebenschancen beeinflussen und wie weit der Einzelne dafür verantwortlich ist (»Arbeiter-M.«, »Rotlicht-M.«). M.s können sich auch ändern. Das erklärt den gegenwärtigen Erfolg der Grünen und die Krise der SPD (durch sog. innovative oder kreative M.s).

MIKROQUARTIER

Steht nicht im Zusammenhang mit der Bekämpfung des Insektensterbens. M. bezeichnet vielmehr die kleinste Einheit bei der Modellierung von Stadtstrukturen, es handelt sich um eine Testgröße, die fallweise definiert wird. So lässt sich der Aufwand für die Verbesserung eines Areals nach gesellschaftlichen, ökologischen, ökonomischen, energetischen und städtebaulichen Kriterien abschätzen.

MIMIKRY

So könnte ein Brettspiel aus dem Waldorfkindergarten heißen. Tatsächlich stammt der Begriff aus der Biologie und Psychologie, er bezeichnet zunächst Ähnlichkeit, Tarnung oder nachahmendes Verhalten. Im übertragenen Sinn wird mit M. Unechtes, Gefälschtes, Kopiertes bezeichnet. Auch als literarisches Lexikon-Spiel geläufig.

MODAL SPLIT

Statistischer Wert, der das Mobilitätsverhalten der Bürger beschreibt, also den Verzicht auf und / oder die Nutzung von Verkehrsmitteln (ÖPNV, Kfz, Rad, eigene Füße). Hat nichts mit dem Schotter zu tun, mit dem zunehmend Vorgärten naturresistent verfüllt werden.

MÖGLICHKEITSRAUM

Begriff, der sogar im Englischen als deutsches Fachwort angekommen ist und großzügig alles Unbestimmte positiv benennt. In der Psychotherapie bezeichnet M. eine Gefühlstheorie für ein Handlungsfeld. In der Stadtplanung beschreibt M. keinen Ort, sondern kreative Initiativen, die soziale und nachhaltige Strategien verfolgen. Mitwirkende werden als Akteure ↑ geführt. Tragwerksplaner reagieren auf einen M. mit der Auskunft: Möglich, dass es hält.

NARRATIV

Zunächst einfach eine Erzählung. Seit die Sozialwissenschaften den Begriff okkupiert haben, versteht man darunter eine sinngebende Erläuterung, mit der sich verfolgen lässt, welche Werte und Ziele die Gesellschaft oder die Umwelt scheinbar prägen. Mythos und Vorurteil bleiben in Rufweite. Das N. wurde mit der postmodernen Debatte um Jean-François Lyotard populär und ist gerade wieder in Mode. Wird in Karnevalshochburgen sinnwidrig gebraucht.

NEUROMORPH

Keine durch eine Nervenerkrankung ausgelöste Missbildung. An der Schnittstelle zwischen Mensch und Maschine ist die künstliche Intelligenz (KI) angesiedelt. Dazu wird die Methodologie der Kognitions- und Gehirnforschung in die digitale Rechnersprache übertragen. N.e Computer ahmen die Informationsverarbeitung des menschlichen Gehirns nach. Ergebnisse sind nicht aus den eingegebenen Informationen vorhersagbar, der Computer »denkt«.

NEUROURBANISTIK

ist eine Disziplin, zu der unterschiedliche Fachrichtungen beitragen, um Erkenntnisse zur seelischen Gesundheit der Stadtbewohner zu gewinnen (»Stress and the City«). N. versucht auf städtebaulicher Ebene wissenschaftliche Klarheit auch in die traditionellen Mutmaßungen der Architekten zur Gebäudewirkung zu bringen.

PARADIGMENWECHSEL

Zunächst: Musterbeispiel, Anschauung, auch wissenschaftliche Problemlösung. Ein P. bedeutet die radikale Änderung einer Denkweise, das Verhältnis zwischen Begriffen dieser Theorien ist inkommensurabel. Ein noch gravierenderer Umbruch: der »Quantensprung«.

PARKWAY

Beschönigende Umschreibung für eine Autostraße, die z. B. von begrünten Mittelstreifen begleitet wird oder tatsächlich Parks verbindet; oft unterliegen P.s Nutzungsbeschränkungen.

PERIPHER, PERIPHERIE

Setzt voraus, dass es ein Zentrum gibt, das Randbereiche aufweist. Stadträumliche Lagen lassen sich damit nicht hinreichend charakterisieren, so dass stets zu differenzieren ist: Vorstadt, Zwischenstadt, Stadt-P. – in vielen Metropolregionen ⬆ spielte die > Agglomeration inzwischen eine so große Rolle, dass im Zusammenwachsen von Städten kaum noch von einer P. gesprochen werden kann. Rhetorisch wird damit die mangelnde Relevanz von Fachbeiträgen bewertet (»von peripherem Interesse«).

PIONIERNUTZUNG

klingt ein wenig nach Wildwest oder Wehrübung. Man versteht darunter die (kreative) Zwischennutzung von Brachflächen, auf denen Akteure ⬆ auf eigenes Risiko Aktivitäten entwickeln und mit ihrer temporären Besitznahme Anregungen für die spätere Nutzung geben – oder selbst bleiben. (Ein-Euro-Shops sind die kommerzielle Variante für leerstehende Läden.)

PROAKTIV

In Managerkreisen unentbehrliche Vokabel, um entschlossenes Handeln zu beschreiben und angeblich träge Mitarbeiter für nicht einleuchtende Unternehmensziele zu motivieren. Im IBA-Kontext Indiz, dass IBAs inzwischen nicht mehr auf ein »Defizit« reagieren müssen.

PROJEKTIONSRAUM

Das Wort erinnert an die vom Hausmeister aufgemöbelten Klassenzimmer, in denen mit Schmalfilmen oder Dias der Unterricht mit Heimkinoatmosphäre aufgeladen wurde. Im weiteren Sinne die Umgebung, in der eine nicht vorhandene, unwirkliche Realität abgebildet wird. Kann sich auch um eine ortlose, virtuelle Repräsentation handeln, die uns eine Vorstellung von etwas liefert. Dann liegt der P. in uns selbst.

QUADRUPLE-HELIX-KONZEPT

Um die Herausforderungen in einer entgleisenden Welt und widersprüchlichen Gesellschaft zu meistern, bedarf es eines neuen interdisziplinären Ansatzes. Als Steigerung des > Triple-Helix-Konzepts kommen beim Q.-H.-K. zur Kooperation von Politik, Wirtschaft und Wissenschaft sozusagen als »Endverbraucher« Vertreter der Zivilgesellschaft ⬆ dazu. Nicht nur Team-Arbeit, sondern auch die unter den Mitwirkenden geteilten Ergebnisse sollen langfristig das Ökosystem Erde und seine sozialen Belange fördern.

SETTING

Damit umschreiben polyglotte Personen die (inszenierte) nähere Umgebung für eine Handlung, die Szenerie, die prägend zu einem Ereignis gehört, also ein Tatort mit unverwechselbarem Lokalkolorit.

SIMULACRUM

bezeichnet zunächst eine vorgestellte oder vorhandene Sache, die an eine andere erinnert oder ihr gleicht. Wird sowohl abwertend im Sinne von trügerischem Kopieren, aber auch als Ergebnis eines fantasievollen Nachschöpfens verstanden. In der Medientheorie zentraler Terminus für die Referenz der Massenmedien (> Darstellung, > Mimikry).

STADTPLANUNG, INTEGRIERTE STADTENTWICKLUNG

Zur S. gehören Initiierung, Projektierung und Realisierung von Konzepten, die die Gestaltung des öffentlichen Raums zum Ziel haben. Dazu zählt die nachhaltige Koordinierung von Wohnen, Arbeiten, Erholen und Versorgen, wobei soziale, ökonomische, juristische, technische und umweltrelevante Aspekte berücksichtigt werden. Diese staatliche Einflussnahme auf Ordnung und Gestaltung unseres Lebensraums wird »integriert« genannt, um die Mitwirkung vieler Akteure ⚥ und Interessen anzuzeigen. Doch Vorsicht: Integration ist oft mit einer Rangordnung verbunden. In einem Schwobarock-Lied heißt es: »Mir suached jetz dr Dialog, mir dont euch integriere, mir kontrolliered eich a bisle, noch ka au ons nix bassiere... «

STAKEHOLDER

In der Aussprache liegt – wie so oft – die Gefahr groben Missverständnisses: Der S. ist nicht mit dem *Steakholder* als Grill-Assistent zu verwechseln. Als S. gilt allgemein eine Person oder ein Mitglied einer Gruppe, die ein Interesse am günstigen Verlauf eines Prozesses oder Ereignisses anmeldet.

STARARCHITEKT

Meist pejorativ gebraucht, um die Leistung eines international erfolgreichen Architekten zu desavouieren. In den Lokalzeitungen wird damit den Lesern die Bedeutung eines ihnen unbekannten Baukünstlers hervorgehoben. Fachzeitschriften wirft man häufig vor, die Arbeiten junger Kollegen zu ignorieren und den Kult um S.en zu fördern. Nach ihrem Ableben neidet man ihnen ihre bedeutsame Rolle dagegen nicht mehr. Tote Architekten sind keine Stars.

START-UP

Meist positive Bezeichnung für eine schlanke Unternehmensgründung auf einer innovativen Geschäftsidee, deren Akteure ⚥ sich mit neuen Arbeitsmethoden »verwirklichen«. Zum > Narrativ gehören die Garagen-Legenden aus dem Silicon Valley (> *Coworking-Space*).

SUFFIZIENZ

In der Diskussion um Nachhaltigkeit und Umweltschutz bezeichnet S. die Bemühung, möglichst wenig Energie und Rohstoffe zu verbrauchen. In FDP-Lindner-Kreisen gilt das als Einschränkung und Hindernis für Wohlstand und Lebensfreude (Flüge, Fleischkonsum).

TACIT KNOWLEDGE

Ließe sich mit »stilles« Wissen übersetzen, meint genauer ein implizites Wissen ⚥, das sich im praktischen Können genauso zeigen und bewähren kann wie in kollektiver Selbstverständlichkeit. Wer weiß, wie etwas geht, muss sein Wissen nicht benennen oder vermitteln.

TRAJEKTORIEN

bezeichnen in der Geometrie Kurven, die sämtliche Kurven einer ebenen Kurvenschar unter gleichem Winkel schneiden. Einer der Begriffe, die in anderen Disziplinen auftauchen, ohne dass der ursprüngliche Sinn erfasst war. T. heißen in den Sozialwissenschaften Entwicklungsverläufe, die diskontinuierlich, offen und damit nicht vorhersagbar sind.

WETTBEWERB, ARCHITEKTURWETTBEWERB

Wird von Kammern und Verbänden als Garant für qualitativ hohe Leistungen der Architektenschaft gesehen. Architekten beteiligen sich i. d. R. unentgeltlich in der Hoffnung, als Preisträger den Auftrag zu erhalten – was bisweilen regelwidrig umgangen wird. Weil auch Juroren in ihrer Urteilskraft unzulänglich sein können, werden immer wieder Zweifel am Wert des W.s geäußert. Man unterscheidet u. a. offene W., bei denen »jeder« mitmachen kann; außerdem eingeladene W. (bestimmte Architekten werden eingeladen), mehrstufige W. (eine kleine Gruppe von gut bewerteten Arbeiten wird mit Überarbeitungsauftrag in eine oder mehrere Runden geschickt). Näheres legen die RPW 2013 des Bauministeriums fest.

Autoren

Michael Braum 1953 in Bad Homburg geboren. Studium der Stadtplanung und des Städtebaus an der TU Berlin. Wissenschaftlicher Mitarbeiter im FB Städtebau und Siedlungswesen der TU Berlin, Mitarbeiter und Gesellschafter der Freien Planungsgruppe Berlin, Mitgründer von und Partner bei conradi, braum & bockhorst. Später eigenes Büro (mbup_stadtarchitekturlandschaft). Seit 1998 Professor an der Universität Hannover. Zahlreiche Veröffentlichungen. Von 2008-2013 Aufbau und Vorstandsvorsitz der Bundesstiftung Baukultur. Direktor der IBA Heidelberg.

Reinhard Hübsch 1953 in Wilhelmshaven geboren. Studium der Germanistik und Politikwissenschaft in Marburg, Berlin und Freiburg. Nach freiberuflicher Tätigkeit seit 1989 Kulturredakteur beim SWR, 1998-2003 Leiter der Landeskulturredaktion Rheinland-Pfalz in Mainz, 2003-2005 Kulturkorrespondent des SWR in Berlin, 2005-2015 SWR Baden-Baden; seit 2016 als Redakteur in Berlin. Zahlreiche Veröffentlichungen zu Architektur und deutscher Nachkriegsgeschichte.

Olaf Bartels 1959 in Essen geboren, Studium der Architektur und des Städtebaus an der Hochschule für Bildende Künste in Hamburg. Freier Architekturkritiker und -historiker. Forschung zur Architektur und Architekturgeschichte, Stadtbaugeschichte mit dem Schwerpunkt Moderne und Vormoderne im 19. und 20. Jahrhundert sowie Architektur und Stadtplanung in der Türkei. Buch- und Zeitschriftenpublikationen. Lehrtätigkeiten in Hamburg, Berlin, Braunschweig, Istanbul und Ankara. Mitglied im Redaktionsbeirat der Schriftenreihe der Internationalen Bauausstellung IBA Hamburg. Lebt in Hamburg.

Walter Siebel 1938 in Bonn geboren. Emeritierter Professor für Soziologie an der Universität Oldenburg. 1989-1995 wissenschaftlicher Direktor der IBA Emscher-Park, 1991-1992 Fellow am Kulturwissenschaftlichen Institut Essen. 1995 Fritz Schumacher Preis, 2004 Schader Preis. Mitglied in DASL, DGS, ARL und verschiedenen wissenschaftlichen Beiräten. Jüngste Buchveröffentlichungen: Die europäische Stadt (2004); Stadtpolitik (2009, mit Hartmut Häußermann und Dieter Läpple); Polarisierte Städte (2013, mit Martin Kronauer); Die Kultur der Stadt (2015).

Barbara Pampe 1973 in Waldshut geboren. Architekturstudium in Bordeaux, Weimar, Delft. Bis 2005 in Büros, dann freischaffend. 2006-2008 Studium Internationales Projektmanagement in Stuttgart. 2006-2011 wissenschaftliche Mitarbeiterin an der Universität Stuttgart. 2011-2014 Professur an der German University, Cairo. 2011 Gründung »baladilab« mit Vittoria Capresi in Cairo. Projekte mit den Universitäten Stuttgart, Berlin, Siegen. Seit 2014 Bereichsleitung »Pädagogische Architektur« der Montag Stiftung Jugend und Gesellschaft. Seit 2014 Lehraufträge in Wien, Aachen und Linz. Im Landesbeirat Schulbau Berlin. Vorträge und Publikationen zum Thema Schulbau.

Christian Holl In Heilbronn geboren. Kunst- und Germanistikstudium, Studium der Architektur in Aachen, Florenz und Stuttgart. 1997–2004 Redakteur der »db«, 2004 Mitbegründung von frei04 publizistik. Lehraufträge in Darmstadt, Stuttgart, Wuppertal, Kaiserslautern, Frankfurt am Main. 2005–2010 wissenschaftlicher Mitarbeiter am Städtebau-Institut der Universität Stuttgart. Seit 2008 freier Kurator und Mitglied im Ausstellungsausschuss der architekturgalerie am weißenhof, Stuttgart.

Seit 2010 Geschäftsführer des BDA Hessen. Seit 2017 Mitherausgeber des Internetmagazins Marlowes.de. Beteiligt an Forschungsprojekten für das BBSR über Gestaltungsbeiräte in Deutschland (2017) und kurzfristige Baukulturprojekte (»Baukultur instant«, 2019-2020).

Thies Schröder 1965 geboren. Studium der Landschaftsplanung an der TU Berlin. Landschaftsplaner, Autor, Verleger und Redakteur vieler Bücher zur Landschaftsarchitektur und Regionalentwicklung. Standortentwicklung per Event als Geschäftsführer der Ferropolis GmbH. Inhaber des L&H Verlags in Berlin, Vorsitzender der Energieavantgarde Anhalt e.V. und Vizepräsident der IHK Halle-Dessau. Lebt in Berlin.

Angelus Eisinger 1964 geboren. Habilitierter Städtebau- und Planungshistoriker. Seit 2013 Leiter des Planungsdachverbands Region Zürich und Umgebung (RZU, www.rzu.ch). Zuvor Dozent an zahlreichen Hochschulen, unter anderem zwischen 2008-2013 als Professor für Geschichte und Kultur der Metropole an der HafenCity Universität in Hamburg. Aktuelle Arbeitsschwerpunkte bilden innovative Planungsansätze, funktionalräumliche Transformationsstrategien sowie Wirkungsanalysen von Planungsprozessen – dazu Bücher und Fachartikel. Daneben Kurator und Berater, unter anderem im wissenschaftlichen Kuratorium der IBA Basel 2020.

Carl Zillich 1972 geboren. Studium der Architektur und Stadtplanung in Kassel und New York. Wissenschaftlicher Mitarbeiter 2002-2008 für Architekturgeschichte und -theorie an der Universität Hannover sowie 2008-2013 bei der Bundesstiftung Baukultur. Daneben freischaffender Architekt, unter anderem ausgezeichnet mit dem Landesbaupreis MV 2012. Seit 2015 im Gestaltungsbeirat der Stadt Oldenburg. 2018-2019 Gastprofessur für Stadtentwicklung und -management an der Universität Kassel. Kuratorischer Leiter der IBA Heidelberg.

Wolfgang Bachmann 1951 in Ludwigshafen geboren. Studium der Agrarwissenschaften und Architektur in Aachen. Promotion, in verschiedenen Architekturbüros tätig. 1982-1990 Redakteur der »Bauwelt« in Berlin, 1991-2011 Chefredakteur der Zeitschrift »Baumeister« in München, bis 2013 dessen Herausgeber. Zahlreiche Bücher und Vorträge, Publikationen in Fach- und Tageszeitungen; Kolumnen und Glossen u. a. für Marlowes.de. 2019 erschien »Alles Geier. Eine Farce über Architektur, eine Zeitschrift und einen Verlag«. Lebt in Deidesheim.

Ursula Baus 1959 in Kaiserslautern geboren. Studium der Kunstgeschichte, Philosophie, Archäologie, Architektur in Stuttgart und Paris. Promotion. 1987-2004 Redakteurin der db. 2004 Mitbegründerin von frei04 publizistik; freie Architekturpublizistin und -wissenschaftlerin. 2004-2010 Lehraufträge für Architekturkritik und -theorie. Bis 2012 stellv. Vorsitzende des Beirats der Bundesstiftung Baukultur. Im Kuratorium der IBA Basel 2020. Seit 2019 Vorsitzende im Stiftungsrat der Schelling Architekturstiftung. Prize Expert des Mies van der Rohe Award. Bücher und Essays.

Impressum

HERAUSGEBERIN
IBA Heidelberg GmbH
Emil-Meier-Straße 16
69115 Heidelberg

IBA TEAM
Prof. Michael Braum, Carl Zillich,
Franziska Bettac
Moritz Bellers, Carla Jung-König, Wolfgang
Kaehler, Kristina Kallus, Merle Plachta, Djamila
Rerbal, Felix Wohlfahrth

REDAKTION
Dr.-Ing. Ursula Baus, frei04 publizistik, Stuttgart

GESTALTUNG UND SATZ
Björn Maser, www.minimalist.cn, Böblingen

LEKTORAT
Dr.-Ing. Wolfgang Bachmann, Deidesheim

LITHOGRAFIE, DRUCK UND BINDUNG
DZA Druckerei zu Altenburg GmbH, Thüringen

Copyright © 2019 IBA Heidelberg
und Park Books AG, Zürich
© für die Texte bei den Autoren
© für die Werke und Fotografien siehe Bildnachweis

ISBN 978-3-03860-172-2
Alle Rechte vorbehalten; kein Teil dieses Werks
darf in irgendeiner Form ohne vorherige schriftliche
Genehmigung des Verlags reproduziert oder unter
Verwendung elektronischer Systeme verarbeitet,
vervielfältigt oder verbreitet werden.

Park Books AG
Niederdorfstrasse 54
8001 Zürich
Schweiz
www.park-books.com

BILDNACHWEIS
Titel: KCAP Architects & Planners
S. 4-5, 18, 21, 22, 60, 61: Thilo Ross
S. 14, 26-31, 83, 97, 98: Tobias Dittmer
S. 39, 45, 46, 53, 54, 59, 64, 76, 82, 85, 87, 107: Christian Buck
S. 40: Rendering: gerstner architekten, Heidelberg
S. 43: Rendering: Degelo Architekten, Basel
S. 56: Miriam Harst
S. 57, 58: Rendering: Murr Architekten, Diessen am Ammersee
S. 62, 63: Renderings: SSV Architekten, Heidelberg
S. 70, 74, 75: Philipp Rothe
S. 71-73: LAVA Laboratory for Visionary
Architecture, Stuttgart
S. 84: Studio Vulkan, Landschaftsarchitektur, Zürich
S. 88: Entwurfsverfasser
S. 94: Krishan Rajapakshe
S. 95: Ursula Baus
S. 96, 104-105: KCAP Architects & Planners
S. 112: North West Cambridge Development
S. 116: Arrow Architects, Oslo
S. 121: Carlo Ratti Associati

Allgemein oder im Plural benannte Personengruppen
bezeichnen Personen jeglicher Geschlechtszugehörigkeit.